AF609206

KIYONAGA
BUNCHO SHARAKU

OUVRAGE TIRÉ A 125 EXEMPLAIRES

Exemplaire N°

KIYONAGA
BUNCHO SHARAKU

ESTAMPES JAPONAISES

TIRÉES DES COLLECTIONS DE

MM. Bing, Bouasse-Lebel, Bullier, Comte de Camondo, Mme E. Chausson, Chialiva
Raphael Collin, Cosson, J. Doucet, Ducoté, Fleury, Mme Gillot
Haviland, Houdard, Isaac, Jacquin, Javal, R. Kœchlin, Mme Langweil, J. Lebel, Mme Léry
Le Véel, Manzi, Maroni, Marteau, Metman, Migeon
Mutiaux, Odin, Portier, du Pré de Saint-Maur, Mme Raoul-Duval, H. Rivière
A. Rouart, Ch. Salomon, Comte de Sartiges, Mme Seure, Smet
Stoclet, Tronquois, H. Vever, Vignier.

ET EXPOSÉES
AU MUSÉE DES ARTS DÉCORATIFS
EN JANVIER 1911

CATALOGUE DRESSÉ PAR M. VIGNIER
AVEC LA COLLABORATION DE M. INADA

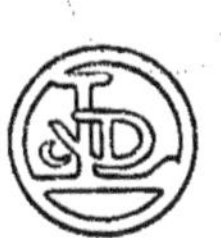

PARIS
DES ATELIERS PHOTO-MÉCANIQUES D.-A. LONGUET

EN VENTE
BIBLIOTHÈQUE D'ART ET D'ARCHÉOLOGIE
19, Rue Spontini, 19

KIYONAGA
BUNCHO SHARAKU

Kiyonaga et Sharaku sont les peintres dont la troisième Exposition d'Estampes Japonaises se proposait de présenter l'œuvre au public parisien et sans doute y réussit-elle : 140 Kiyonaga remplissaient une grande salle et les 105 Sharaku que les organisateurs avaient réunis formaient l'ensemble le plus important de pièces de ce maître qui ait jamais été vu. Lors de l'Exposition des Primitifs, on avait assisté aux débuts de l'art de l'estampe; l'Exposition de Harunobu, Koriusaï et Shunsho en avait marqué les éclatants progrès techniques; avec Kiyonaga et Sharaku, nous arrivions à l'apogée, et l'habileté merveilleuse des graveurs et des imprimeurs s'exerçait sur les compositions des plus grands artistes qui aient travaillé au Japon pour la gravure. En vérité à Kiyonaga et Sharaku d'autres peintres avaient été associés, Buncho, Toyoharu, Kitao Sighémasa, Kitao Masanobu, Masayoshi, Shuncho. Ils ne tenaient pas dans l'exposition la même place que les maîtres; un seul panneau avait été réservé à chacun d'eux, et il suffisait apparemment pour en donner une idée, d'autant que des vitrines contenaient les livres illustrés où certains ont mis le meilleur de leur œuvre: malgré la grâce, si plaisante dans son maniérisme, de Buncho, malgré l'harmonieux talent de Shuncho et le génie de Masayoshi pour noter brièvement une attitude ou un paysage, ce sont en effet personnages de moindre importance. Leur présence était nécessaire pourtant, ne fût-ce que pour marquer de combien Kiyonaga et Sharaku l'emportaient sur leurs contemporains; elle permettait aussi de constater avec quelle lenteur s'établit l'influence de ces novateurs. Nous ne parlons pas de Sharaku qui demeura un isolé; mais alors que Kiyonaga nous apparaît dans toute sa force et qu'il a sans doute produit ses chefs-d'œuvre, les ateliers rivaux continuent de besogner suivant leur traditionnelle routine; son art les touche à peine, et bien rares sont les peintres, parmi les plus jeunes même, qui s'engagent décidément à sa suite. Le succès vint plus aisément à Utamaro, semble-t-il. Les anecdotiers racontent, il est vrai, que beaucoup parmi les contemporains de Kiyonaga se retirèrent devant lui et cessèrent de travailler pour la gravure, conscients de leur infériorité. Nous croyons plutôt qu'ayant été le premier à montrer la voie, son exemple ne fut pas compris et que ses confrères, s'ils virent peut-être en lui le novateur qu'il était, ne le reconnurent point tout de suite pour un grand classique.

TORII IV KIYONAGA

Kiyonaga est un des plus mal connus parmi les artistes japonais qui travaillèrent pour la gravure. Aucune monographie ne lui a été consacrée en dehors des ouvrages généraux comme celui de M. de Seidlitz[1] et les seuls renseignements que nous possédions sur lui en Europe sont ceux que se transmirent, d'après les sources japonaises, les rédacteurs de Catalogues de vente, Hayashi et Barbouteau notamment, complétés par la notice de Tajima au tome III

1. Il faut signaler pourtant deux excellents travaux de M. P. A. Lemoisne dans la *Gazette des Beaux-Arts* (1911, t. I, p. 209) et de M. Louis Aubert dans la *Revue de Paris* du 1er février 1911. Voir aussi un article de H. E. Field dans le *Burlington magazine* (t. XIII, 1908, p. 241).

de ses *Masterpieces selected from the Ukiyoyé school* et par quelques lignes de Kurth dans son *Utamaro*. De sa vie, voici en somme ce que l'on sait. Né en 1742 (1752 pour Hara, Cat. de Hambourg, 1909), à Uraga, près Sagami, il eut pour père un marchand de tabac; selon d'autres il ne fut qu'employé dans une fabrique de tabac et son père aurait été ou un propriétaire, ou un libraire. Le jeune homme, qui portait le nom de Ichibei Sekiguchi, en tout cas s'occupa de librairie à Shiba, soit qu'il fût entré comme commis chez son père ou chez un certain Téramotobo, soit qu'il eût ouvert lui-même une boutique. On le trouve ensuite faisant de la peinture, élève de Kiyomitsu, le troisième représentant de la famille des Torii; quand Kiyomitsu mourut en 1785, son gendre Kameiji aurait prié Kiyonaga de diriger l'atelier dont il venait d'hériter, atelier qui appartenait traditionnellement aux Torii et fournissait des affiches et des programmes illustrés aux théâtres de Yédo, ainsi que des portraits d'acteurs à leur public. La proposition ne fut pas acceptée, Kiyonaga se refusant, dit-on, à usurper le bien de la famille de son maître, et celle-ci, devant ses scrupules, aurait fait appel à Utagawa Toyoharu. Seulement cet artiste ne se serait pas montré un commerçant très attentif; il y aurait eu des fautes dans les programmes, les acteurs et les directeurs de théâtre se seraient plaints, et Kameiji, toujours propriétaire de la maison, aurait renouvelé ses instances auprès de Kiyonaga. Le maître alors n'hésita plus et Kameiji l'autorisa à prendre le titre de quatrième Torii, c'est-à-dire de représentant officiel de cette dynastie. Tout cela se passait peu après 1785. Une tradition rapporte que dès 1790, Kiyonaga aurait cessé de travailler; à en croire d'autres auteurs, il n'aurait renoncé qu'à travailler pour les graveurs et aurait continué de peindre, ainsi que l'attesterait une peinture conservée au temple d'Oji Gongen et datée de l'hiver 1799. Il serait mort en 1815 (ou 1813).

De ce récit, qui prête à la critique, un point au moins paraît certain, c'est que Kiyonaga fut élève de Kiyomitsu, et ses premiers ouvrages n'y contredisent pas. Nous n'avons pu rencontrer le livre indiqué par Strange (*Japanese colour prints*, p. 14) que le maître et l'élève auraient signé conjointement en 1776; mais un recueil daté de 1777, le *Témari uta*, Chansons pour jouer à la balle, que M. Vever exposait, dénote clairement l'influence de Kiyomitsu, ainsi que diverses estampes dans l'habituel format hosoyé représentant des acteurs (n°s 2 et 3, pl. 2) : les figures ont bien cette grâce un peu molle qui caractérise Kiyomitsu et son mélange de raffinement et de maladresse primitive. Kiyonaga s'était d'ailleurs pénétré profondément de la manière des Torii, et, remontant dans la tradition de la dynastie bien au delà de son maître, il avait dessiné tantôt de ces scènes de l'histoire des guerriers anciens qu'affectionnaient les fondateurs de l'atelier (n° 1, pl. 1), tantôt de ces acteurs brutaux et farouches (n° 7, pl. 3) dont les anciennes gravures de théâtre, une des spécialités de la famille, nous montrent des types si nombreux; il étudia même Moronobu, à en juger par deux curieux pastiches (n°s 23 et 24, pl. 1 et 2), affaiblis sans doute, mais encore reconnaissables. Ces imitations de primitifs semblent devoir être tenues logiquement pour des œuvres de sa jeunesse, et l'on en a rencontré plusieurs en effet tirées en béniyé, en deux et trois tons, ce qui, du vivant de Harunobu, mort vers 1770, pouvait passer pour un anachronisme; toutefois il faut se défier d'une logique trop absolue dans la chronologie des œuvres d'un artiste et l'on ne saurait oublier que les programmes de théâtre signés par Kiyonaga, les plus traditionnels de ses ouvrages, s'échelonnent, sans distinction de style appréciable, de 1770 à 1799 (n°s 25 à 29, pl. 3).

L'influence d'autres maîtres se retrouve chez Kiyonaga. Parmi ses acteurs, quelques-uns rappellent de très près Shunsho; sans signature, notre n° 10 (pl. 4) serait attribué certainement à un des Katsukawa et la curieuse scène (n° 132 pl. 39) d'« Inauguration d'un théâtre » passerait pour le pendant des « Acteurs sur le pont » que nous publiions au catalogue de Shunsho (n° 509, pl. 57). Kiyonaga a vu aussi des estampes de Harunobu; ses premiers livres en témoignent et quelques estampes, tel le n° 13, pl. 4, où une petite personne, courte et menue, au visage arrondi, se promène, protégée par un grand parasol, dans un paysage stylisé; on dirait une composition tirée d'un des albums de Harunobu. Toutefois ces réminiscences de Harunobu sont rares; l'art de cet aimable artiste n'a fait sur celui de Kiyonaga qu'une médiocre impression; au contraire Koriusaï, autant que les Torii, semble avoir contribué à le former. Ce sont d'abord des imitations presque littérales. La « Promenade de la courtisane » (n. 90 pl. 20) n'a rien qui ne puisse être attribué à Koriusaï[1], et même elle ne se distingue guère de ses planches les plus banales; pourtant, déjà au n° 96 pl. 23, les deux femmes montant dans une barque que tient solidement amarrée un batelier rappellent ses meilleures pièces, et bientôt Kiyonaga s'en sera assimilé tout le suc : on peut croire que la grandeur de la composition et l'élégant allongement des figures qui nous charment tant chez Kiyonaga, il les dut en partie à Koriusaï,

1. Voir aussi les n°s 92 et 93.

mais son art sut se dégager des formules qui traînaient toujours dans l'œuvre de son prédécesseur et une liberté y parut qu'on n'avait point vue encore chez les dessinateurs d'estampes.

A la suite de ces morceaux qui reflètent si nettement l'inspiration des peintres antérieurs, doit se placer sans doute une série d'œuvres où l'originalité de Kiyonaga se marque progressivement; les ouvrages de sa maturité seraient ceux où elle paraît le plus glorieusement, tandis qu'on en attribuerait à sa vieillesse certains autres qui poussent ses qualités jusqu'à l'exagération. C'est ainsi que pourront passer pour des œuvres de transition quelques triptyques tels que la « Pluie » (n° 108, pl. 25) ou « les Passe-Temps du Yoshiwara » (n° 113), des diptyques comme « le Bain » (n° 118, pl. 31), cette pièce rarissime et charmante, aux figures encore un peu courtes, d'un art plutôt gai et bon enfant, et dont le style rappelle singulièrement celui des livres illustrés par Kiyonaga entre 1780 et 1785 environ. Ces livres ne sont pas tous des chefs-d'œuvre, mais ils présentent cet intérêt capital que l'on y rencontre assez souvent des compositions, traitées dans le style que nous appelons de transition, et qui se retrouveront plus tard avec une admirable grandeur dans certaines des estampes où l'art du maître semble avoir atteint son apogée. Dans le *Yehon monomiga oka*, « la Colline aux belles vues », deux volumes datés de 1785, une page figurant des femmes passant un pont en dos d'âne sous une treille de glycines est évidemment la première ébauche du diptyque n° 115, pl. 29; les barques évoluant entre les piles de bois d'un grand pont du triptyque n° 122, pl. 34, sont plus qu'esquissées dans le même volume et de ce beau diptyque des Femmes sur une terrasse regardant au loin les bateaux (n° 55, pl. 9), la première idée se distingue évidemment à une page du livre; seulement combien impersonnelles et pauvres semblent ces images, aux petits personnages poupins et encore timides, quand on les compare avec l'état définitif, où la composition, d'une ampleur si aisée, se peuple de ces nobles et longues figures aux attitudes harmonieuses!

Ce sont là quelques points de repère dans l'histoire de l'œuvre de Kiyonaga; toutefois il n'y a pas, nous le répétons, à se faire trop d'illusions sur la sûreté d'une telle chronologie et, pour peu qu'on cherche à rien préciser, toutes les incertitudes se retrouvent que nous avons éprouvées dans le classement de l'œuvre de Harunobu[1]. Le livre que nous avons étudié date de 1785; or il faut admettre que, pour transformer son style et pour l'agrandir comme il fit, plusieurs années furent nécessaires à Kiyonaga[2]; mais la tradition nous apprend qu'à partir de 1790 il cessa de travailler pour les graveurs, se consacrant tout entier à la peinture des kakémonos; c'est donc en cinq années que cette transformation aurait dû s'opérer et, bien plus, il faudrait placer dans ces cinq ans la plus grande partie de l'œuvre du maître, y compris les pièces qu'on peut appeler de décadence. Une telle fécondité est inadmissible et nous tiendrions volontiers pour inexacte la légende de la retraite de Kiyonaga dans la force de l'âge, d'autant qu'outre les affiches de théâtre postérieures à cette date de 1790 que nous avons notées déjà, Hayashi signale dans son catalogue une estampe, des « Jeux d'enfants », datée de 1801. Il ne faut pas trop se hâter d'ailleurs de triompher des légendes au nom de la logique; la logique se venge quand on abuse d'elle et il est souvent difficile de distinguer jusqu'où elle permet d'aller. L'on sait, par exemple, que Kiyonaga a généralement groupé ses estampes en séries portant un titre poétique inscrit dans un coin de chaque feuille; nous ne savons rien du mode de publication de ces séries, mais vraisemblablement chacune était publiée en une fois et M. le consul Moslé possède à Leipzig la couverture d'une de celles de Harunobu, car ce maître aussi usa parfois de ce procédé d'édition. Or certaines des séries de Kiyonaga que nous possédons sont formées d'estampes d'un style assez différent; si nous n'en connaissons pas où les figures courtes du début alternent avec les longues femmes de la maturité, une au moins, celle des « Beautés d'aujourd'hui du Yuri », nous présente un étonnant mélange de pièces où le souvenir de Koriusaï demeure extrêmement proche (n° 82) et d'autres (nos 80 et 86, pl. 19) qui ne peuvent dater que d'un moment où l'artiste était en pleine possession de son style; de même, à la série des « Douze mois du sud », qui comprend quelques-uns des chefs-d'œuvre les plus caractéristiques du peintre, de ceux où l'équilibre paraît le plus parfait et qui appartiennent incontestablement à la période la plus personnelle de sa production (la Terrasse, n° 5,5, pl. 6 et 7, la Sortie Nocturne, n° 60, pl. 10), certaines feuilles sembleraient, par l'allongement excessif des figures, se rapporter à un moment de décadence, quand l'artiste fatigué exagère ses procédés (n° 56, pl. 8); l'on en pourrait dire autant de la série des « Brocart de l'Est », où l'une des planches les plus admirables du maître, la « Sortie du Bain » (n° 66, pl. 14), voisine avec une composition gâtée par la longueur démesurée de la femme debout. Les pro-

1. Nous ne saurions admettre naturellement les précisions de dates véritablement déconcertantes auxquels arrivait Fenollosa et que Mr. Field semble avoir encore exagérées.

2. Dans l'admirable recueil *Mitsuno assa*, les « Trois matins de fête du jour de l'an », qui date de 1787, la transformation n'est même pas encore complète.

grammes de théâtre de la fin de sa vie dans le style des premiers Torii nous avaient déjà laissé entrevoir que les diverses manières de Kiyonaga se sont pénétrées les unes les autres; d'une façon générale pourtant, et à défaut d'un autre plus certain, le classement que nous en avons esquissé nous semble pouvoir être admis.

Aussi bien, sans nous attarder davantage à des questions de chronologie, assez vaines sans doute, voyons ce que Kiyonaga a apporté de nouveau dans l'ukiyoyé et ce qui constitue l'essence de son art. La génération qui le précédait, celle des Kiyomitsu et des Harunobu, avait produit des peintres charmants, épris de grâce et de tous les raffinements, mais ils avaient trop oublié les forts enseignements de leurs aînés, des Kiyomassu et des Okumura Masanobu, et, pour peu que leurs élèves eussent renchéri sur les gentillesses qu'ils avaient mises à la mode, l'école populaire finissait dans la mièvrerie. Koriusaï tenta de réagir, mais ses promenades de courtisanes ont plus de somptuosité que de véritable noblesse et il n'atteignit à la grandeur que dans ses feuilles en hauteur, dans ces hashirakakés où il n'eut point d'égal. Kiyonaga, après lui, visa de même à la grandeur, mais elle lui était naturelle, et, après les tâtonnements inévitables du début, on peut dire qu'aucune feuille ne sortit de ses mains où elle n'éclate. Ce n'est plus, à la vérité, la grandeur un peu âpre des Primitifs, à qui certaines maladresses donnent parfois l'apparence du style; Kiyonaga est un dessinateur parfaitement correct et d'une habileté consommée et toute rudesse lui est inconnue; la grandeur naît chez lui de l'harmonie et cette qualité unique de son art fait de lui le classique de l'estampe japonaise.

Faut-il noter une première manifestation de cette grandeur, qui est l'agrandissement du format de ses estampes et le retour, à la suite de Koriusaï d'ailleurs, à cet *oban* des Primitifs que Harunobu avait presque complètement abandonné pour le petit *chuban* carré? Mais même quand Harunobu travaillait dans un format élargi, il y mettait d'ordinaire de petits personnages un peu courts, aimables sans doute, uniquement gracieux pourtant; Kiyonaga, nous l'avons vu déjà, allonge leur stature, et si c'est au détriment de la vérité qu'il imagine ces femmes longues et sveltes dans un pays où elles vont menues et plutôt trapues, cette convention qu'il se plaît à introduire dans son art lui donne tout de suite un caractère de parfaite élégance. Mais la sveltesse n'est pas la grandeur et celle-ci ne s'obtient que par les attitudes; or les attitudes, chez Kiyonaga, sont véritablement admirables. Que ses femmes sortent du bain, se promènent (n° 84, pl. 20), se penchent sur l'appui de leur terrasse (n° 57, pl. 9), jouent avec leurs enfants ou fassent simplement leurs emplettes chez les marchands du voisinage (n° 71, pl. 17), elles se meuvent avec une dignité, avec une majesté sans égales, d'un geste presque insensible, jamais brusque, et toujours souverainement harmonieux. Ce ne sont, pour la plupart, que des courtisanes et parfois il inscrit leur nom et leur adresse sur son estampe, en manière de réclame, comme faisait Harunobu; mais il nous les fait voir en grandes dames, et quand il introduit une servante à leur suite, c'est en vain qu'il a soin d'en varier le type et essaye de lui donner quelque chose de populaire, elle demeure noble, quoi qu'il en ait; la plaisanterie même chez lui n'a rien de bas, pas plus que les occupations les plus vulgaires de la vie : nous nous apercevons à peine, au n° 73 (pl. 16), que les deux jeunes femmes s'apprêtent à jouer quelque bon tour à leur servante endormie, tant il y a d'élégance dans leur attitude, et il semble qu'au n° 66 (pl. 14) celle qui se coupe les ongles des pieds « rajuste son cothurne[1] ». Et avec cela, nulle pose, nulle affectation de noblesse : que fallait-il vraiment aux Japonais cultivés des hautes classes, si, férus de la formule académique, ils ne sentaient pas la beauté de cet art!

Ceci est d'ailleurs remarquable, que Kiyonaga ne cherche jamais à embellir ses figures d'ornements adventices. Les Primitifs, Harunobu aussi et surtout Koriusaï, s'étaient plu à vêtir les femmes qu'ils peignaient des robes les plus étonnamment luxueuses; toute la nature servait à en décorer les ramages, et tantôt des oiseaux fantastiques y prennent leur vol, tantôt y poussent de grands arbres fleuris; il y a dans ces décors quelque chose de tapageur et l'on sent les oripeaux de théâtre ou du Yoshiwara. Chez Kiyonaga, le plus souvent, ce sont des robes infiniment simples, à raies, à carreaux, avec des semis de fleurettes; sur les ceintures seules au vaste nœud jouent des ornements plus variés; tout le reste est discret, et il semble que la simplicité de l'étoffe soit pour faire ressortir davantage la noblesse des lignes du corps et la grâce des attitudes. Kiyonaga renonce même à certains des charmants artifices familiers aux graveurs de Harunobu et qui donnent tant de précieux à ses estampes. Certes, il tient à ce que ses dessins soient bien gravés : M. Vever possède une épreuve d'essai (n° 138), portant une observation pour l'imprimeur que Hayashi jugait de la main même de l'artiste, ce qui prouverait qu'il surveillait de très près les ouvriers, et les premières épreuves de ses estampes comptent en effet parmi les plus accomplies de la gravure japonaise. C'est à tort qu'on a cru que leur coloris était

1. Ce n'est pas le lieu de parler des estampes érotiques de Kiyonaga; mais tous ceux qui en ont vu n'ont pu n'être pas frappés de la dignité qu'y conservent les hommes et les femmes, et jusque dans les poses les plus étranges qu'ait inventées le génie amoureux du Japon.

souvent pâle; il ne paraît ainsi que sur les pièces fatiguées. Ses graveurs se sont servis d'autant de bois que ceux de Harunobu, le nombre et la variété des couleurs sont pareils, et même il semble que le trait l'emporte chez Kiyonaga sur celui de tous ses prédécesseurs, ce trait long, d'un si admirable modelé, si l'on peut dire, et qu'on ne rencontre tel que chez les peintres de vases grecs de la plus belle époque, comme M. Pottier le notait jadis. Mais il répudie les gentillesses des graveurs de la génération précédente, et s'il admet quelques « trucs », comme celui que mentionne Tajima, des étoffes légères laissant transparaître le corps sous leurs plis (il est inexact d'ailleurs que ce procédé ait été inventé par lui, puisque déjà Shiba Kokan, le contrefacteur de Harunobu, se vantait de l'avoir employé), jamais presque on ne trouve chez lui de ces gaufrages du papier qui donnent à l'estampe l'aspect d'un surimono. Des délicatesses outrées auraient distrait l'œil, tiré l'attention sur le graveur, qu'il n'autorisa point à inscrire son nom à côté du sien, comme avait fait souvent Harunobu, et ôté au dessin quelque chose de cette grandeur que l'artiste recherchait avant tout.

Mais c'est surtout dans la composition que sa grandeur éclate et le génie qu'il y apporta transforma l'art de l'ukiyoyé. La composition, chez Harunobu et ses contemporains, était fort simple d'ordinaire : souvent une seule figure s'enlève sur un fond de paysage ou d'intérieur et tout se réduit alors à une question de mise en page, singulièrement ingénieuse d'ailleurs; quand deux personnages se trouvent groupés, le tableau qu'ils forment plaît surtout par l'agrément du sujet et par la justesse de l'observation, mais bien rarement l'arabesque n'a rien de remarquable et elle est même souvent fort incertaine. Chez Kiyonaga, c'est cette arabesque qui paraît incomparable. Sans doute, lui aussi sait fort bien agencer une scène : la « Visite au fleuriste » (n° 71, pl. 17) est d'une familiarité charmante, et Harunobu n'a rien dessiné de plus aimablement gai que la « Servante endormie » (n° 73, pl. 16); il y a aussi quelques « Scènes maternelles » d'une jolie tendresse (n° 74, pl. 16), mais ce ne sont pas là les grands chefs-d'œuvre du maître; où il apparaît souverain, c'est dans les estampes où le sujet se réduit à presque rien et où compte seul le jeu harmonieux des lignes. Il est véritablement admirable dans ces pièces. L'intérêt semble nul assurément de l'épisode des trois femmes sous leurs parapluies (n° 65. pl. 13); qu'on examine toutefois le balancement des lignes, le mouvement légèrement divergent des deux personnages des extrémités, toute la composition pivotant autour de la femme qui occupe le centre, immobile, elle, et que sa robe sombre détache encore; qu'on analyse de même la « Sortie du bain » (n° 66, pl. 14), ces deux longues femmes debout occupant la moitié de la feuille, tandis qu'en pendant, leur compagne est accroupie à leurs pieds, les hautes lignes droites des unes s'opposant à la courbe harmonieuse de l'autre : l'on comprendra à merveille la qualité particulière de l'art de Kiyonaga, l'harmonieuse ampleur et l'équilibre parfait qu'il a réalisés.

Quelques nobles arabesques qu'il ait tracées sur ces feuilles, leur format, même agrandi, ne lui suffit pas; il se souvient que Harunobu en a parfois rapproché deux, que les primitifs en ont joint jusqu'à trois, des petites feuilles, il est vrai, pour former des diptyques ou des triptyques, et il reprend cette idée, faisant courir une même composition sur deux, sur trois et jusque sur cinq feuilles. Avant lui, ces prétendus ensembles n'étaient que des juxtapositions plus ou moins adroites et même elles nuisaient parfois à l'effet des divers morceaux; Kiyonaga fait si bien que presque toujours chaque estampe, isolée, garde son harmonie, et qu'elle gagne encore à prendre sa place dans l'ensemble [1]. Tantôt ce n'est qu'un cortège, comme la « Sortie nocturne » (n° 60, pl. 10), où deux groupes de femmes se répondent, comme la « Promenade parmi les Pivoines » (n° 117, pl. 30), avec ses trois groupes de courtisanes vêtues de robes somptueuses, et il suffit d'imaginer le piteux effet de deux ou trois feuilles de Koriusaï juxtaposées pour sentir l'harmonie secrète de ces théories. Mais que Kiyonaga ait à combiner une scène, la plus banale de sujet d'ailleurs, en un diptyque ou un triptyque, c'est alors que son art devient inimitable. Au diptyque de la « Terrasse » (n° 55, de 6 et 7), chacune des feuilles est fort belle et la mise en page tout à fait harmonieuse de la femme debout et des personnages assis à ses pieds ; qu'on les rapproche toutefois et toute la grandeur apparaîtra de cette composition si admirablement balancée, les longues femmes encadrant les musiciennes et les buveurs accroupis, tandis qu'un émouvant paysage marin de bateaux sur la grève relie les deux groupes et accorde le tableau; la noblesse de l'arabesque est ici surprenante. Et peut-être la jugera-t-on plus magnifique encore dans le « Débarquement » (n° 119, pl. 32). Rien de plus simple que cette scène : d'un bateau amarré des femmes débarquent, portées jusqu'à la rive sur le dos d'un marinier; d'autres attendent leur tour en riant, cependant que celles qui ont déjà gagné le chemin leur font signe de l'éventail; mais des lignes du bateau, de sa

1. Il n'est pas impossible que beaucoup d'estampes que nous ne connaissons qu'isolées fassent partie de diptyques ou du triptyques dont une ou deux feuilles se sont perdues ou qu'on n'a pas eu l'idée de rapprocher encore; quelques-unes semblent appeler le pendant.

proue droite, du pont allongé et du toit qui le recouvre, Kiyonaga a tiré des combinaisons d'un rythme étonnamment grand et le choix des couleurs en rehausse encore l'effet; c'est cette haute proue noire qui fait chanter toute l'estampe, cette proue qui se détache sur le ciel clair et l'eau et coupe de sa masse sombre le fond lointain et léger du paysage. Et que dire du groupe de femmes en vêtements légers qui saluent de l'éventail sur la rive! c'est l'harmonie et la grâce même et sans doute l'un des chefs-d'œuvre de la gravure japonaise. On citerait d'autres diptyques et d'autres triptyques de Kiyonaga d'une perfection presque égale et c'était un noble spectacle que d'en voir la série accrochée dans une des vastes salles du Pavillon de Marsan. Tandis que, de loin, le dessin et la couleur de Harunobu papillotaient quelque peu à l'exposition précédente, par la grandeur des lignes Kiyonaga triomphait. Puis les grands paysages où il meut ses figures ne pouvaient pas ne pas charmer. Avant lui, le fond de paysage de l'estampe demeurait comme schématique et quand il prenait corps, il était toujours étriqué, avec des perspectives véritablement déconcertantes parfois. Lui élargit tout, replace tout à son plan et les paysages devant lesquels ses hautes figures se meuvent forment le plus riche décor, en même temps qu'ils semblent, par leur exactitude, de larges fenêtres ouvertes sur la campagne japonaise.

Un écrivain allemand, M. Kurth, a donné comme cause de la prétendue retraite de Kiyonaga à partir de 1790 le chagrin de son impuissance à lutter contre Utamaro. Certes nous ne songeons point à rabaisser ce grand maître et l'exposition de l'an prochain nous réserve des joies que nous saurons apprécier; toutefois nous nous refusons à croire que si les deux artistes entrèrent en rivalité, Kiyonaga ai dû forcément se sentir écrasé. En vérité, on a pu découvrir dans quelques-unes de ses pièces des signes de décadence; la noble stature de ses figures s'est exagérée parfois démesurément et jusqu'à la manière; il s'est comme caricaturé lui-même; mais c'est un reproche que nous ferons aussi à diverses estampes d'Utamaro, à celles de la série des « Heures » notamment, et rien ne prouve même que ce ne soit pas Utamaro qui se soit approprié ce « tic » de son confrère plus âgé. Celui-ci d'ailleurs devait, jusque dans les dernières années de sa vie, mettre sur pied des personnages parfaitement normaux : à défaut de l'estampe de 1801 signalée par Hayashi, notre n° 103 (pl. 24) le prouve, qui était du même type et peut-être de la même série. N'imaginons donc pas de romans pour suppléer au silence des documents, et reconnaissons que si le raffinement et la grâce féminine ont trouvé en Utamaro un peintre charmant, Kiyonaga n'en demeure pas moins au Japon le grand classique de l'estampe.

IPPITSUSAÏ BUNCHO

Buncho est un contemporain de Kiyonaga, mais on ne saurait trouver aucun trait commun à ces deux artistes. C'est dans le sillage de Shunsho qu'il ne cessa de marcher, collaborant avec lui à l'illustration de divers ouvrages et s'inspirant de son style dans les portraits d'acteurs et de courtisanes auxquels il s'adonna presque uniquement. Toutefois, malgré une aussi étroite dépendance, il sut, beaucoup mieux que la plupart des élèves du maître, Shunyei, Shunko et tant d'autres, garder son originalité, et il serait injuste de le confondre dans leur troupe. C'est pourquoi nous l'en avons distingué et peut-être ne jugera-t-on pas sa grâce un peu maniérée trop déplacée entre le classicisme de Kiyonaga et les recherches d'expression de Sharaku.

On ne connaît pas la date de naissance de Buncho. Il appartenait, paraît-il, à une famille de samuraï et son nom était Uyemon Kichi, qu'il abandonna pour celui d'Ippitsusaï Buncho; c'est ainsi que sont signées la plupart de ses estampes; mais il a été peintre aussi et l'on s'est demandé s'il ne fallait pas l'identifier avec Yanaghi Buncho. Ce serait alors le premier de ses noms d'artiste, car un ouvrage signé ainsi, des *Chansons de Théâtre* (cat. Hayashi, n° 1511), porte la date de 1754-59. Son maître aurait été un certain Ishikawa Kogen; toutefois l'influence des Katsukawa paraît seule dans son œuvre et dès 1770 il publiait avec Shunsho un recueil de trois volumes d'acteurs dont les bustes sont inscrits dans des éventails, le *Yehon Butaï-ogni;* leur collaboration durait encore en 1778 et à ce moment ils ajoutaient deux volumes à l'édition primitive. Ce sont les seules dates de sa vie dont nous soyons assurés; un volume de *Chansons de théâtre* (Hayashi, n° 1512), qu'il publia seul, n'en porte pas et on ne saurait accepter avec une entière confiance celle de Meiwa 8 (1771) qui figure, inscrite à la main, sur notre estampe n° 147 (pl. 40). Certains auteurs le font mourir en 1796; pour d'autres, il renonça vers cette époque (1803, dit-on), à travailler pour les graveurs et se serait adonné uniquement à la peinture. Il fut sur ses vieux jours nommé *Hokkyo*, dignité que l'on conférait aux peintres, mais que reçurent rarement ceux de l'école populaire; on se souvient pourtant qu'elle avait été conférée à Koriusaï.

Malgré ces renseignements singulièrement insuffisants, on a prétendu établir une chronologie dans l'œuvre de

Buncho, mais plus encore que pour les autres peintres, l'entreprise semble irréalisable et nous ne nous y essayerons point. Tout ce qu'on peut noter, c'est que parmi ses estampes quelques-unes portent plus ou moins nettement la marque de l'influence de Shunsho; le n° 158 (pl. 40) pourrait lui être attribué s'il n'était signé : cette femme debout dans un jardin couvert de neige (c'est naturellement un acteur déguisé), un peu lourde de stature, aux draperies compactes, plus puissante que gracieuse, sort évidemment de l'officine des Katsukawa; la mise en page est identique, la plantation du décor et une certaine recherche un peu grosse de l'effet dramatique. On peut signaler de même la trace de l'imitation de Harunobu au n° 157 (pl. 40). Ce sont sans doute des œuvres de début; mais il ne faut pas oublier que dès la collaboration de Buncho avec Shunsho, dans ce recueil même qu'ils ont dessiné côte à côte, les pages signées Buncho ont déjà leur caractère propre et que, malgré l'air de famille qui donne au livre son unité, elles ne sauraient se confondre avec celles de Shunsho. Ce qui les en distingue, c'est une recherche continuelle de la grâce. Pour y atteindre, Buncho sacrifie de propos délibéré la puissance et le sentiment dramatique; presque jamais ses acteurs ne semblent pris au moment pathétique du drame, presque jamais ils ne se livrent à ces gesticulations qui touchaient si profondément le public japonais; le rictus grimaçant chez eux est rare, et plus rare encore la représentation d'une scène à plusieurs personnages, où chacun exprime sa passion par son attitude; quand il s'y essaye, Buncho paraît franchement médiocre. Ce qui lui plaît, ce sont les jeunes acteurs en vêtements de femmes; il aime longues et minces ces figures un peu ambiguës; il les revêt de draperies qui accusent la délicatesse des formes; il les cambre, comme disait Burty, à la manière d'une lame de sabre, se gardant bien d'en déranger la ligne souple et grêle par une recherche de mouvements compliqués; le visage, avec le front étroit, les sourcils hauts et les joues longues, n'est qu'élégance et volupté. On peut vraisemblablement estimer que les pièces où la grâce touche à la mièvrerie sont de la fin de la vie de Buncho; les cous s'amincissent sous prétexte de sveltesse, les mains se rapetissent et les pieds deviennent trop menus pour porter raisonnablement des corps démesurément élancés; mais comment doser, pour arriver à des dates approximatives, ce qui entre dans chaque estampe de recherche ou de préciosité?

Quoi qu'il en soit et quelque idée qu'on se fasse du développement de l'art de Buncho, cet art ne saurait demeurer indifférent. Assurément, il y a quelque monotonie dans son œuvre; ses recherches manquent de variété; on sent la formule à la longue et l'accent, le prime-saut font trop défaut à certaines de ses pièces; mais les meilleures sont véritablement exquises et parmi les plus raffinées de l'estampe japonaise. Aucun des peintres qui ont travaillé pour la gravure n'a été plus coloriste qu'il n'est parfois; il a des accords de tons d'un éclat singulier, des verts, des roses et ces « rouille » qui chantent étrangement (n° 161, pl. 42); avec des gris et des blancs à peine mélangés d'un peu de jaune et de vert, il crée des harmonies dont nul ne s'était avisé avant lui : l'admirable pièce que nous reproduisons en couleur en témoigne (n° 154, pl. 41). Il a soin d'ailleurs, à l'inverse de Kiyonaga, mais conformément à la tradition de Harunobu, de ne négliger, pour embellir son estampe, aucune des ressources de l'art du graveur ou de l'imprimeur, se plaisant aux gaufrages qui font jouer la lumière sur les étoffes, recherchant même la difficulté, comme lorsqu'il imagine de supprimer le trait qui cerne le dessin et de le remplacer par un léger relief (n° 172, pl. 44). Surtout il a le charme des attitudes; on sait l'élégance de cette cambrure de la taille qu'il affectionne et de ses airs de tête, quand la femme se retourne à demi comme pour regarder les longs plis de sa robe étalés derrière elle en éventail (n°s 140 et 148); il a l'art aussi de saisir la grâce d'un geste familier, légèrement, sans insister, comme celui de cette courtisane qui, au réveil, ses oreillers encore traînant à terre, sa ceinture à peine nouée sur sa robe lâche, légèrement inclinée, porte des deux mains un vase de joncs tressés où elle vient de disposer des hortensias (n° 169, pl. 43); parfois même, sans se guinder et comme sans effort, il atteint la grandeur par l'harmonie des lignes : notre blanche Femme-Héron (n° 154, pl. 41), si noblement drapée et d'une pose si harmonieuse, passe à bon droit pour son chef-d'œuvre. Certes, ce n'est pas la grandeur classique de Kiyonaga, et d'ailleurs une telle recherche de noblesse est rare chez Buncho; il y a presque toujours chez lui un fond de préciosité qui le rapetisse, et peut-être est-il caractéristique qu'il s'en soit tenu aux moindres formats, au hosoyé surtout, sans jamais tenter d'aborder les grandes feuilles où Shunsho lui-même s'était parfois risqué. Il n'en demeure pas moins un artiste singulièrement attirant et l'on ne saurait échapper au charme de la note si personnelle qu'il a apportée.

UTAGAWA TOYOHARU

Utagawa Toyoharu était un peu plus âgé que Kiyonaga : né vers 1734, il se place entre Harunobu, qu'on s'accorde à faire naître vers la fin du premier quart du xviiie siècle, et le grand maître classique de l'ukyoyé, et, logiquement, il devrait former la transition entre ces deux artistes; mais c'est au premier que véritablement il se rattache et, bien qu'il ait été témoin de presque toute la carrière du second, puisqu'il ne mourut qu'en 1814, sans doute chercherait-on en vain la trace de l'influence de Kiyonaga dans l'œuvre, assez peu nombreuse d'ailleurs, qu'a laissée Toyoharu.

Son nom était Shozaruburo Tajimaya, qu'il changea en Shinyemon avant d'adopter celui sous lequel il devait se faire connaître; il aurait aussi, dit-on, signé Ichiriusai (Hayashi). Le maître sous lequel il travailla fut Shighénaga selon les uns, Toyonobu selon les autres, et nous serions tenté de voir plutôt en lui un élève de ce dernier; son style, en effet, semble devoir presque autant à Toyonobu qu'à Harunobu, du moins dans les ouvrages qu'on doit attribuer à ses débuts. De ces ouvrages, le plus célèbre est une série de quatre estampes de grand format figurant les « Occupations des femmes », musique, jeu, écriture, peinture; nous en reproduisons une (n° 176, pl. 45), et l'on peut se rendre compte qu'à quelques détails près, entre autres une assez rare recherche du visage vu de face, il ne s'agit guère que d'une sorte de Harunobu agrandi à la taille des feuilles de Toyonobu. De telles pièces ne laissent rien prévoir de la transformation de l'art des peintres de l'école populaire qui était proche. Nous ne connaissons pas le livre des *Douze mois de l'année* qu'il fit en collaboration avec Shunsho, mais il est établi que Toyoharu dessina des acteurs après la mort de Kiyomitsu, le troisième des Torii (1785) : c'est à lui, nous l'avons vu, que s'adressa la famille de l'artiste pour prendre sa succession et continuer la fabrication des programmes de spectacles dont elle avait le monopole pour certains théâtres de Yedo; Toyoharu accepta, mais il ne satisfit point les acteurs : trop de fautes, à les en croire, déparaient ses gravures et le traité fut rompu ; on sait que Kiyonaga prit alors les fonctions de chef d'atelier et le nom de quatrième Torii. Malheureusement nous ne possédons aucun de ces programmes ni des autres ouvrages que Toyoharu fit pour le théâtre et n'en pouvons juger. La partie de son œuvre qui demeure aujourd'hui le plus notable à nos yeux, ce sont ses paysages, et là seulement il nous paraît avoir marqué son originalité.

Les Primitifs ne s'étaient guère souciés de paysage; ceux qui, comme Moronobu, lui donnèrent place dans leurs estampes le traitèrent pour la plupart de façon schématique et Harunobu lui-même se borna d'ordinaire à quelques indications; aucun ne s'en fit une spécialité. Toyoharu au contraire se plut à peindre des paysages; un grand nombre sont signés de lui et il trouva la formule que l'école populaire devait adopter. On voyait, à l'exposition, des intérieurs de théâtres, des villes, des jardins, des ports, des canaux tels que nul n'en avait jamais dessiné pour l'estampe et comme les peintres de Kano n'en avaient point tracé sur leurs kakémonos. Les vues d'ensemble sont ingénieusement prises; il y a du pittoresque dans le détail, et la couleur est souvent tout à fait agréable; rien de plus aimable que le « Canal au crépuscule » qui serpente entre les maisons de thé aux terrasses chargées de peuple et éclairées par des lanternes roses (n° 179), et ce sont des tableaux véritablement composés que ces salles de spectacle bondées de monde au-dessus desquelles volent des hérons. Un tel changement surprendrait, si une pièce très curieuse, le n° 183 (pl. 46) ne nous en donnait la clé; on y voit une vue de Rome avec le Colisée, la colonne Trajane, des arcs de triomphe, le Marc-Aurèle, et c'est évidemment la copie d'une gravure européenne; nous avons donc l'assurance que Toyoharu en a vu et les a étudiées. Les auteurs japonais le disaient : en voilà la preuve, et c'est l'Europe décidément qui préside aux origines du paysage japonais moderne. Sans doute, il lui arrive de digérer assez mal nos procédés; ayant découvert la perspective, il en abuse : ses alignements de magasins au bord d'un canal (n° 178, pl. 46), bien qu'à peu près en place, sont fastidieux; mais d'ordinaire, il accommode nos lois aux traditions japonaises avec goût, et c'est ce mélange qui fait l'intérêt de son œuvre. Ses continuateurs gagneront en liberté et ils retrouveront cette fantaisie dont l'application à imiter nos procédés avait privé l'initiateur, mais ils n'auront qu'à suivre ses traces et l'art d'un Hiroshighé, avec sa mise en pages et son coloris, est plus qu'en germe dans les estampes un peu rigides encore de Toyoharu.

On explique le nombre peu considérable d'estampes de l'artiste par un précoce abandon du travail pour la gravure et un retour à la peinture. Toyoharu en avait toujours fait; il aurait même entrepris une œuvre considérable et dont les peintres de l'ukiyoyé étaient rarement chargés, la réfection de la décoration d'un des temples de Nikko; mais quelques kakémonos signés de lui qui ont été publiés par Tajima (pl. 117 et 118 du t. iv des *Masterpieces*) ne marquent pas une particulière originalité; ils semblent d'un Shunsho amolli. Naturellement, la raison donnée de son découragement est l'impossibilité qu'il aurait sentie de toute lutte avec un artiste tel que Kiyonaga, et certes nous admettons l'éclatante supériorité de ce dernier; toutefois cet effacement volontaire est peut-être une légende, car on la retrouve dans la biographie de presque tous les peintres dont l'œuvre présente quelque obscurité; Kiyonaga lui-même, nous l'avons vu, aurait renoncé à se mesurer avec Utamaro. La vérité doit être que le public, au spectacle que lui présentaient les grandes feuilles de Kiyonaga, si puissantes, si harmonieuses et si décoratives, abandonna peu à peu l'art sec des peintres de transition, de même que, vingt ans auparavant, la précédente génération s'était refusée à plus acheter les images des derniers primitifs, quand elle avait connu les délicates merveilles de Harunobu. Aussi bien, l'atelier de Toyoharu se garda-t-il de suivre la tradition de son fondateur et les Utagawa n'arrivèrent à la popularité que quand le troisième du nom, Toyokuni — il n'y a guère à insister sur le second, l'incolore Toyohiro, — succédant véritablement à Shunsho, se fut consacré à la peinture des acteurs et l'eût renouvelée.

KITAO SHIGHÉMASA

Kitao Shighémasa naquit en 1739 et sa carrière se prolongea jusqu'en 1819; c'est dire qu'il appartenait à cette génération qui, arrivée à l'âge d'homme au moment du grand triomphe de Harunobu, ayant même encore connu les derniers primitifs, ne put se résoudre à accepter le style nouveau de Kiyonaga et, à peu d'exceptions près, végéta, uniquement occupée à d'assez vaines répétitions. Cette réserve à l'égard du grand novateur fut d'autant plus fâcheuse de la part de Shigémasa qu'il semble avoir eu un atelier très fréquenté.

Les historiens de l'ukiyoyé donnent sur sa vie quelques-uns de ces renseignements sans intérêt dont ils sont coutumiers. Fils d'un libraire, il étudia d'abord la calligraphie, puis la peinture, changeant son nom de Tarokichi pour celui de Kosuisaï, pour bien d'autres ensuite, alors même qu'il s'était arrêté déjà au vocable sous lequel il devait passer à la postérité; il avait le caractère doux et désintéressé, uniquement occupé de son art, au point d'abandonner à son frère tout l'héritage de ses parents. Il est moins indifférent sans doute de savoir qu'il commença par travailler dans le style des primitifs; ses premiers acteurs en effet, vers 1760, s'inspirent tantôt de la rudesse des derniers imitateurs de Kiyomassu (n° 190), tantôt de la grâce de Kiyomitsu ou de Kiyohiro (n° 189, pl. 47). On ne saurait s'en étonner; seulement l'habitude d'imiter était prise et sa destinée fut de toujours refléter dans son art l'art d'un contemporain plus original. Il se peut, comme on l'a dit, qu'il ait été l'un des dessinateurs les plus corrects de l'école populaire; il en fut assurément aussi l'un des moins personnels. Après les primitifs, c'est naturellement de Harunobu qu'il s'inspira; n'était le format hosoyé, sa série des Tamégawa (n° 185-7) pourrait passer pour un ouvrage de l'atelier de Harunobu; les mêmes sujets y sont traités de même façon, jeunes femmes au bord de la rivière ou cavalier accompagné de son serviteur; il lui emprunta ses scènes d'enfants (n° 194), ses animaux (n° 197, pl. 47), et jusqu'à certaines manières d'impression en gris et orange, paysages de dessin assez fruste, mais au coloris infiniment délicat, qu'Harunobu avait imaginés; tout cela, avec moins d'accent, s'entend. Quand Toyoharu eut rénové le paysage, Shighémasa ne manqua pas de suivre sa trace, comme le n° 191 l'indique; mais c'est surtout Shunsho dont l'influence fut prédominante, influence heureuse d'ailleurs, car elle lui inspira certainement ses meilleurs ouvrages.

Kitao Shighémasa fut beaucoup plus un illustrateur de livres qu'un peintre travaillant pour la fabrication des estampes et l'on peut dire que Shunsho inspira presque constamment ses illustrations. Les deux artistes allèrent même jusqu'à la collaboration; c'était d'ailleurs un procédé que Shunsho affectionnait et l'on se souvient qu'il avait illustré avec Buncho un de ses recueils d'acteurs les plus célèbres (1770). Avec Kitao Shighémasa, ce sont les dames du Yoshiwara qu'il entreprit de dessiner : tout amateur tant soit peu frotté de japonisme connaît aujourd'hui le fameux *Miroir des Beautés des maisons vertes*, trois volumes parus en 1776, et c'est en vérité l'un des premiers chefs-d'œuvre de l'art du livre illustré au Japon. Le coloris, surtout rose et violet, demeure assurément un peu lourd, mais il y a dans les groupements, dans les attitudes, dans les types, une noblesse qu'on ne trouverait certainement chez aucun contemporain et qui contraste avec la grâce menue de Harunobu. Quelque chose de ce style, mais un peu adouci, se retrouve dans la *Culture de la soie* que les deux peintres publièrent ensemble dix ans après, en 1786. Il est évident qu'à Shunsho revient la grande part d'invention dans cette collaboration et que c'est lui qui créa le style; on retrouve d'ailleurs ce style en germe dans certaines de ses feuilles d'acteurs travestis en femmes et dans quelques autres figurant des courtisanes; Shighémasa se l'assimila parfaitement, semble-t-il. Nous connaissons peu d'acteurs de lui en dehors de ceux de type primitif, toutefois l'amusante estampe des « Acrobates » en équilibre plus ou moins instable sur leurs chevaux (n° 199, pl. 47) montre combien son observation personnelle sut profiter de sa longue intimité avec Shunsho, et ses Guéshas (n° 192, pl. 48) le marquent plus clairement encore : cette série est fort rare, mais d'une grande beauté, et « tient » fort bien même à côté des pièces analogues de Koriusaï. Seulement, par malheur, l'auteur a négligé de les signer et il n'est pas certain qu'elles appartiennent vraiment à Shighémasa; on les attribue parfois, et non sans des raisons de style assez valables, à Kitao Keisaï Masayoshi. La possibilité seule de cette confusion prouve mieux que tout raisonnement le manque de personnalité de Shighémasa et confirme l'opinion qu'il fut surtout un excellent assimilateur.

Quelques albums de Shighémasa feraient croire qu'il dédaigna moins de s'inspirer de Kiyonaga que Toyoharu, entre autres ce joli *Coup d'œil sur Azuma* (1786) qui, à côté du souvenir de Shunsho, rappelle aussi certains volumes de Kiyonaga; mais cette influence se dissimule, si elle existe vraiment, et Shighémasa put vieillir à côté de lui et lui survivre travaillant, dit-on, jusqu'à sa dernière heure, sans qu'il ait jamais renoncé à l'imitation des maîtres de sa jeunesse et de son âge mûr. Faut-il croire pourtant qu'il jeta dans ses vieux jours un coup d'œil du côté de Hokusaï? Nous connaissons de lui certains surimonos en longueur qu'on pourrait confondre avec quelques-uns de ceux que Hokusaï publiait vers 1800 et, après sa mort, on donna, en 1827, la seconde partie de son ouvrage sur les *Fleurs et oiseaux*, dont le premier avait paru en 1805, et qui ne diffère guère des albums analogues du grand dessinateur. Mais la rencontre, pour ce dernier recueil au moins, peut être fortuite et, bien que Shighémasa ait eu soin de spécifier sur le titre qu'il avait dessiné d'après nature, une même tradition ou des modèles semblables ont pu inspirer les deux artistes.

KITAO MASANOBU

Kitao Masanobu (1761-1816) apprit son métier de peintre sous Shighémasa; il n'est pas à dédaigner comme artiste, mais on le connait surtout au Japon comme littérateur, sous le nom de Kyôden, et il passe, avec son contemporain Bàkin, pour un des meilleurs romanciers de son pays. Il combinait d'ailleurs ses deux talents; un grand nombre de romans écrits par lui sont illustrés de sa main; on prétend même qu'il lui arriva parfois de dessiner d'abord des images sur lesquelles il adaptait ensuite un texte à sa fantaisie. Dans sa jeunesse, il publia des romans d'un caractère extrêmement réaliste; il en plaçait volontiers la scène au Yoshiwara et donnait des détails circonstanciés sur les mœurs de ses habitants, mais l'autorité s'en émut; un jour, en 1790, à la suite d'une publication qu'elle jugea obscène, il reçut l'ordre de garder les arrêts dans sa maison et certains de ses collaborateurs furent emprisonnés. La leçon lui servit; dorénavant ses romans se moralisèrent, il y prouva que la vertu est récompensée et le vice puni et prit place parmi les éducateurs du peuple. Il composa même des traités de morale, continuant d'ailleurs à écrire des satires fort goûtées; mais il prétendit aussi que son talent d'écrivain servit les artistes, ses prédécesseurs et ses contemporains, et on lui doit les deux premières compilations japonaises sur l'histoire des peintres de l'école populaire. Il était fort désintéressé, dit-on, ce qui ne l'empêcha pas d'exercer plusieurs commerces; à la littérature et à la peinture, il joignit la vente des éventails, celle du tabac et des instruments pour fumeurs et médecins, et jusqu'à celle des gâteaux, paraît-il.

Vers la trentaine, en 1792, il aurait à peu près cessé de travailler à autre chose qu'à ses livres et à leur illustration; ce sont donc surtout des œuvres de jeunesse que nous présentent ses estampes, et en vérité l'on s'en aperçoit à leur style. Non que plusieurs ne soient fort belles; une série est célèbre, celle des « Autographes de fameuses courtisanes » (*Seiro Meikun Zihitsu-shu*), six feuilles doubles de grand format qui nous montrent, d'ailleurs avec toute la décence d'un moraliste, les occupations des femmes à la mode; les compositions, en manière de diptyque, se balancent harmonieusement, et les longues figures ne manquent ni de grâce ni de noblesse; pourtant quelque monotonie se sent dans l'ensemble et surtout le manque de liberté. Assurément avec Kitao Masanobu, nous sommes plus près de Koriusaï que de Kiyonaga, dans la période de transition et non au milieu de la grande floraison classique. Il est étrange combien l'art de Kiyonaga a eu de peine à s'imposer aux ateliers voisins et à vaincre les vieilles formules. Toutefois, on ne saurait dire que Masanobu ait prétendu l'ignorer[1]; parfois un mouvement ou un profil (n° 204) s'aperçoit qui le rappelle, quoi qu'on en aie; mais peut-être la réminiscence est-elle involontaire, tandis que celles de Koriusaï et même de Shunsho,

1. Kiyonaga illustra un volume de Kyôden (Cat. Hayashi, n° 1583).

le Shunsho encore des grandes figures de femmes (n° 202, pl. 49), apparaissent continuelles et évidentes. Au reste, elles n'empêchent pas l'artiste de trouver parfois un accent personnel; rien n'est plus rare dans l'estampe japonaise que l'invention d'un type de visage nouveau; seuls presque, les grands maîtres en ont créé un; Masanobu n'était point un novateur, pourtant certains visages de femmes, longs, étroits, aux yeux en diagonale (n° 205, pl. 50) n'appartiennent qu'à lui. Mais sans doute cette imagination ne suffit-elle point et Masanobu demeure un dessinateur d'estampes de demi-caractère.

KITAO KEISAÏ MASAYOSHI

On en peut dire autant certes de Kitao Keisaï Masayoshi, en tant que peintre ayant travaillé pour les graveurs d'estampes; seulement l'art traditionnel de l'ukiyoyé que lui avait enseigné son maître Kitao Skighémasa ne lui suffit pas; il en chercha le renouvellement chez des artistes plus anciens, les peintres de la grande école de Kano, et, en combinant leurs principes avec les enseignements d'atelier reçus dans sa jeunesse, il se créa une manière où se trouve à l'aise sa merveilleuse fantaisie.

Masayoshi naquit en 1761 dans la famille Akabané; comme tous les artistes japonais, il changea de nom plusieurs fois, répudiant son nom personnel de Sanjiro et s'appelant successivement Kuwagata et Useki; mais c'est sous le nom de Kitao Keisaï Masayoshi qu'on le connaît, bien que les beaux livres de sa dernière période ne soient plus signés que Keisaï ou Keisaï Jochinn. Ses premiers ouvrages ne laissent nullement entrevoir le grand artiste qu'il devait être plus tard[1]. Il se conforma d'abord strictement aux préceptes de Shighémasa; nous avons dit que ses grandes feuilles de la vie des courtisanes, non signées, ne peuvent guère se distinguer de celles de Shighémasa, qui ne portent pas non plus de nom (n°s 210 et 211); Koriusaï et Shunsho furent ses modèles et lui aussi s'inquiéta assez peu du voisinage de Kiyonaga. Ses premiers livres illustrés rappellent de fort près ceux de Kitao Masanobu, avec lequel il collabora d'ailleurs, et certains recueils de *Fleurs et oiseaux* (n° 213) ou de paysages, tels les *Brocards de Kioto* (1787), n'intéressent guère que par une consciencieuse minutie; pourtant une *Histoire des 47 Ronins* (n° 212) marque un sens dramatique aiguisé. Mais c'est seulement quand Masayoshi eut renoncé, vers 1795, aux grandes compositions poussées et qu'il se fut résumé dans des croquis simplifiés à l'ancienne mode qu'il devint l'artiste génial des exemples duquel un Hokusaï même put profiter.

L'ancien Japon aristocratique avait connu la caricature et l'on a vu aux expositions de Paris et de Londres ces admirables makimonos où les plus grands artistes du passé s'étaient amusés à noter d'un trait rapide et acéré les ridicules de leur temps. De même les incomparables paysagistes du XVe siècle et du XVIe avaient su donner en quelques coups de pinceaux l'impression profonde des lieux et de l'atmosphère. Ces caricatures de l'école dite de Toba redevenaient à la mode au début du XIXe siècle et des recueils en avaient été gravés, comme des plus beaux dessins de Kôrin, le successeur de ces grands artistes « résumeurs », au trait si sûr et si pittoresque; Masayoshi reprit leur formule[2]; il eut en même temps l'idée d'imprimer, ce qui ne s'était point encore fait, semble-t-il, des paysages dans le style impressionniste de l'école de Kano : sa voie était trouvée. M. Vever avait prêté à l'exposition du Pavillon de Marsan toute une série de ces livres extraordinaires, recueils de croquis simplement jetés sur la page, où les scènes de la rue alternent avec les paysages, les bonshommes avec les bêtes, les fleurs avec les objets familiers, raccourcis saisis par un œil incroyablement fin, transcrits par une main prodigieusement habile, à qui le plus rapide contour, sertissant à peine une tache de couleur, suffit à donner l'impression la plus aiguë et la plus fidèle de la vie. Parfois même il supprime le trait et la tache de couleur demeure seule, sans modelé, mais si juste dans sa touche légère que le dessin ne s'imagine pas plus achevé. Et tout cela librement, sans effort, sans rien qui sente le tour de force.

Ce devait être un homme de goût que ce grand seigneur de Fukui, Matsudaïra, gouverneur d'Echizen, qui l'encouragea, et l'admiration d'un féodal prouve qu'aux yeux même les plus prévenus, le peintre avait réalisé l'idéal de l'aristocratique école de Kano. Ces distinctions entre écoles nous laissent en vérité assez froids, et de même nous saisissons mal les jugements élogieux que portèrent les contemporains sur la calligraphie de Masayoshi en style cursif; il nous suffit sans doute de parcourir les nombreux albums qu'il dessina, des chefs-d'œuvre de gravure en outre, pour lui

1. Pourtant on distingue une note humoristique assez curieuse dans le n° 208, pl. 48.
2. Kitao Masanobu en usa de même parfois, mais ses ouvrages de ce style sont très inférieurs à ceux de Masayoshi, dont il s'est sans doute inspiré.

rendre pleine justice et pour le considérer comme un des artistes les plus intéressants du XIXe siècle japonais. Il mourut en 1824.

KATSUKAWA SHUNCHO

Beaucoup de contemporains de Kiyonaga, on l'a vu, et même plusieurs des artistes de la génération suivante se dérobaient à son influence et continuaient à suivre les errements de Harunobu, de Koriusaï et de Shunsho; certains élèves de Shunsho au contraire abandonnèrent résolument la tradition des Katsukawa et s'enrôlèrent à la suite du grand Torii; le plus remarquable de ces transfuges et en même temps le meilleur sans doute des épigones de Kiyonaga fut Katsukawa Shuncho.

De la vie de Shuncho l'on ne sait à peu près rien; les dates mêmes de sa naissance et de sa mort sont inconnues. Les auteurs japonais nous disent seulement qu'il s'appela dans sa jeunesse Kichizayemon, — ils citent encore d'autres noms, — qu'il travailla avec Shunman, un autre élève de Shunsho qui devait quitter son maître, qu'il fit des *uta*, sortes de poèmes satiriques qui lui attirèrent une certaine notoriété, et qu'il abandonna jeune encore la peinture, au moins celle destinée aux graveurs d'estampes; un contemporain affirme pourtant qu'il vivait encore en 1821; on en infère, et aussi de quelques dates qui se rencontrent sur ses livres et ses estampes (1786 à 1790), que sa période d'activité doit s'étendre de 1780 à 1800 environ, dans ces temps heureux où rivalisaient Kiyonaga et Utamaro. D'Utamaro, à vrai dire, point de trace dans son œuvre; on y rencontre parfois certaines réminiscences de Shunsho, des types d'acteurs assez peu caractérisés d'ailleurs (nos 217 et pl. 50, 227), et de ces lutteurs qu'affectionnèrent les Katsukawa (no 231, pl. 51); mais ce sont là des exceptions, œuvres de jeunesse peut-être[1], et il est à peine nécessaire d'en tenir compte, car Kiyonaga le domina, on peut le dire, exclusivement.

Les estampes de Shuncho tirent le meilleur de leur charme de la perfection de leur gravure et l'on ne trouverait sans doute pas d'autre artiste au Japon qui ait été aussi constamment bien gravé; non pas que ses graveurs se soient plu, comme ceux de Harunobu, à des recherches de techniques nouvelles; la mode n'était plus à la fin du XVIIIe siècle aux raffinements de la première heure et les ouvriers se contentaient des procédés courants, mais l'art dont ils en usaient est vraiment merveilleux, tant pour la taille du bois que pour l'application des couleurs ou le tirage. Aucun pourtant n'a inscrit son nom à côté de celui du peintre. En vérité, si nous n'avions affaire qu'à des épreuves de second choix, les compositions de Shuncho nous paraîtraient souvent quelque peu banales; il a mis tout son art à imiter le maître, seulement il n'en avait pas le génie et avec lui le style de Kiyonaga s'est plutôt aveuli. Cette admirable décision dans la mise sur pieds d'un personnage ou d'une composition a fait place à une grâce noble, agréable assurément, mais sans accent, et il suffit de comparer deux attitudes pareilles ou deux compositions analogues, tels les triptyques du « Débarquement » (no 239) (car Shuncho a imaginé de refaire celui de Kiyonaga), pour saisir la distance qui sépare le modèle du pastiche. Toutefois si l'arabesque pèche souvent, Shuncho presque toujours se sauve par la couleur; il n'a pas les audaces de Kiyonaga et ces magnifiques taches noires dont le maître tirait un si prestigieux effet ne sont point son fait; mais ses tons ont une fluidité charmante (no 228, pl. 52) et surtout il a su jouer des gris avec un art consommé. Le gris dans certaines pièces est la note dominante, gris varié à l'infini et que font chanter çà et là quelques touches mauves, vertes ou jaunes (nos 241, 248, etc.) de la plus aimable délicatesse; nous ne connaissons pas de tels accords chez Kiyonaga, et Shuncho l'égale sans doute quand il détache ses figures aux vêtements vivement colorés sur le fond sombre du lointain nocturne (nos 242 et 242 *bis*, pl. 55). Il est vrai que le graveur peut être pour beaucoup dans de telles harmonies. Ce qui semble propre cependant à Shuncho, c'est la délicatesse de ses paysages; qu'on n'y trouve pas le grand parti pris décoratif de Kiyonaga, cela va sans dire, et Shuncho n'y prétend pas, mais sa fidélité à rendre la nature nipponne est parfaite et tel fond de vallon ombreux (no 240, pl. 53), ou telles rizières, avec leurs carrés jaunes et verts et les paysans se détachant sur le ciel, au sommet des collines de l'horizon (no 237), sont des tableaux achevés, d'une limpidité d'atmosphère que n'avait atteint encore nul peintre travaillant pour la gravure.

Shuncho n'est certes qu'un artiste secondaire, nul d'imagination et sans force; demeuré dans le sillage de Shunsho, il se serait perdu sans doute dans la troupe banale des dessinateurs d'acteurs; mais il a eu le tact de reconnaître que

1. En 1790, Shuncho demeurait en relations avec son maître, puisque celui-ci composa une préface pour un de ses livres (Cat. Hayashi, no 1538).

c'était du côté de Kiyonaga que venait la lumière et on doit lui en savoir gré; il faut le louer aussi du soin avec lequel il choisissait ses collaborateurs : sa conscience professionnelle et le maître qu'il reflétait fidèlement lui ont porté bonheur; quelque impersonnelles que nous les puissions estimer, il n'en a pas moins laissé quelques-unes des plus agréables estampes de la fin du XVIIIe siècle.

TOSHUSAÏ SHARAKU

Sharaku est reconnu aujourd'hui par tous les amateurs comme un des plus grands artistes qui aient travaillé au Japon pour la gravure. Toute collection qui se respecte renferme quelqu'un de ses grands bustes d'acteur sur fond d'argent; ses hosoyés sont disputés ardemment dans les rares ventes où ils passent, et c'est un privilège envié que de posséder certaines de ses scènes de théâtres à deux personnages. Cette unanime admiration a pourtant été assez longue à s'établir; le temps n'est pas loin où la critique étrangère, en Angleterre surtout et en Amérique, souriait, non sans un haussement d'épaules, devant l'engouement des Parisiens pour ce peintre « vulgaire et sans idéal ». Les Parisiens, comme toujours, ont laissé dire et continué à collectionner selon leur goût, et bien leur en a pris; grâce à eux, grâce à M. Vever notamment, qui a rassemblé jusqu'à 67 feuilles du maître, les collections de Paris l'emportent de beaucoup en Sharaku sur toutes celles de l'Europe et nous avons pu en exposer au Pavillon de Marsan la plus extraordinaire série qu'on ait jamais montrée : il y en avait 105. C'était vraiment une glorieuse réunion et, à elle seule, elle aurait suffi à consacrer le succès de l'exposition.

Malgré l'ardeur des collectionneurs à rechercher les estampes de Sharaku, les renseignements sur son œuvre et sur lui-même faisaient naguère à peu près complètement défaut; nous en étions réduits aux quelques données vagues et plus ou moins incertaines disséminées dans les ouvrages généraux et les catalogues de vente, quand, à la fin de 1910, quelques semaines avant l'ouverture de l'exposition, paraissait à Munich un ouvrage considérable sur le maître[1], et l'auteur, M. Kurth, entre autres services, nous rendait celui de traduire tous les passages des sources japonaises où il était question de Sharaku. Sans doute ces passages sont assez brefs et le résumé qu'en a tiré M. Kurth tient en quelques lignes; il n'en est pas moins capital pour la connaissance de l'artiste et doit servir dorénavant de fondement à tout ce qui sera écrit sur lui. Nous traduisons exactement le texte de M. Kurth (p. 110) : « Sharaku « travailla durant la période Kwansei (1789-1800). Il se nommait Toshusaï, et Saïto Jurobei de son nom ordinaire. Il « habitait à Yédo le quartier Hachobori. Son maître est inconnu. Il fut danseur de Nô du prince d'Awa; il peignit des « portraits d'acteurs. Comme, à les peindre de façon trop réaliste, il en arrivait à des formes éloignées de la nature, « le public ne le goûta pas longtemps; après avoir travaillé un ou deux ans, il s'arrêta. Il avait peint des bustes d'ac- « teurs; les fonds de mica qu'il y plaça (le premier?) ont fait donner à ses nombreuses estampes le nom d'estampes « micacées. » Tout ne semble pas parfaitement clair dans cet extrait; ainsi l'on comprend mal que des portraits trop réalistes aient pu choquer le public japonais par leur éloignement de la nature; il y a encore d'autres incertitudes et les auteurs qu'a résumés M. Kurth ne mentionnent pas tous la prétendue invention des fonds micacés par Sharaku. Telles quelles, ces notes n'en sont pas moins fort intéressantes et il faut savoir gré à M. Kurth de les avoir mises à notre portée.

Mais M. Kurth a pour Sharaku une admiration passionnée et des renseignements aussi secs étaient pour contrister sa ferveur. Il s'est donc mis en devoir de les interroger, de les commenter; or un interrogatoire habilement conduit aboutit presque forcément à des révélations et un adroit commentateur a l'art de tirer de son texte des secrets imprévus. Les quelques lignes des auteurs japonais lui fournirent en effet matière à de longues pages, où son érudition, son enthousiasme et son imagination se sont donné carrière.

C'est l'enthousiaste qui débute en nous disant qu'à écrire seulement le nom de Sharaku, il lui semble entendre le bruit d'un vol d'aigle (p. 44); mais le critique heureusement reprend bientôt ses droits. Il nous explique que le prince d'Awa rencontra sans doute à Yédo, dans un spectacle, Saïto Jurobei et l'engagea dans sa troupe de danseurs de Nô; le mime dut prendre alors le nom de Toshusaï, « l'homme de l'Est »; puis, des troubles ayant éclaté dans l'Empire en suite de la mort en 1786 du shogun Iyéharu, la province d'Awa en fut atteinte; il fallut congédier les danseurs et Toshusaï s'en fut à Yédo où il s'occupa de peinture. L'art de l'estampe y était alors dans sa gloire; Shunsho, Kiyonaga

1. J. Kurth, *Sharaku*, Munich, chez Piper, 1910, 8°. Cf., du même auteur, *Sharaku Probleme* dans l'Orientalisches Archiv, I, 1910, p. 33. MM. Lemoisne et Aubert ont aussi parlé de Sharaku dans leurs articles de la Gazette des Beaux-Arts et de la Revue de Paris cités à propos de Kiyonaga.

Utamaro fournissaient les amateurs; on ne saurait dire si le futur Sharaku reçut de l'un d'eux des leçons, ni s'il avait manié le pinceau au temps où il dansait encore; mais dès ses débuts, il fut accueilli par un des éditeurs les mieux achalandés de la capitale, Tsutaya Juzabro. L'ancien mime connaissait bien les acteurs; c'est à les peindre qu'il s'attacha tout de suite, non sans croquer aussi parfois des lutteurs, et il les représenta d'abord de façon à peu près traditionnelle (premiers hosoyés et Bustes à fond jaune). Mais une rivalité séculaire existait entre les acteurs, qui jouaient sur des tréteaux populaires, et les danseurs de Nò, dont les grands seigneurs seuls réclamaient les services. Peu à peu, à fréquenter davantage le théâtre, Sharaku aurait senti renaître sa professionnelle antipathie; elle transparaîtrait dans ses ouvrages suivants, dans certaines séries de hosoyés, dans les feuilles où il figure deux acteurs en pied, dans ses Bustes sur fond micacé, et, renonçant à la simple signature de « Sharaku » qu'il avait adoptée d'abord, il y ajouta fièrement son nom de mime, Toshusaï, pour bien marquer ses origines et se différencier de ses modèles. Toutefois, il avait su encore se contenir et les nombreux exemplaires qui nous sont parvenus de la série des Bustes en attestent le succès et marquent que la satire n'en sembla pas excessive au public. Mais bientôt le néant de ces vulgaires comédiens lui serait apparu trop clairement; il ne se serait pas tenu de leur crier leur bassesse et les feuilles où deux acteurs sont représentés en buste, figures grotesques et ignobles, leur lancèrent à la face le mépris de l'artiste. Cette fois pourtant il serait allé trop loin; les acteurs qui avaient supporté ses premières brimades se seraient redressés contre leur insulteur; le peuple aurait pris parti pour ses favoris et le pauvre peintre se trouva honni de tous. Son éditeur, qui devait mourir en 1797, Tsutaya Juzabro lui-même, l'aurait abandonné; un livre en préparation, qui fit partie jadis de la collection Barbouteau, ne trouva plus d'imprimeur, et ce fut la misère. Sharaku aurait bien tenté un moment de réagir; les estampes signées Kabukido Yenkyo seraient de lui: il aurait pris ce pseudonyme pour détourner les haines et se serait efforcé de montrer ses ennemis sous un jour plus favorable; mais leur vengeance était tenace, rien n'y fit : sa détresse est telle, nous dit M. Kurth, qu'au théâtre, il n'avait plus de quoi s'asseoir, comme jadis, au parterre ou dans une loge et qu'il lui fallait monter au « paradis », ce dont témoigneraient, suivant une observation de notre commentateur, les figures prises de plus haut (p. 101)... Enfin il disparaît et l'on ne sait plus rien de lui.

Peut-être estimera-t-on, après avoir lu M. Kurth, que les auteurs japonais ont dit beaucoup de choses en peu de mots; il faut quelque bonne volonté pour le suivre dans toutes ses déductions; on ne saurait nier pourtant, à le lire de près, qu'elles sont fondées sur des arguments parfois ingénieux et que, si le lyrisme sentimental en surprend, leur logique et une érudition minutieuse entraînent souvent l'adhésion. Quoi qu'il en soit, un classement de l'œuvre de Sharaku ressort de cette biographie, dont certaines parties semblent inattaquables, et le tableau chronologique qu'elle présente se tient très raisonnablement; le progrès est évident sur le peu que nous savions auparavant. Nous ne manquerons pas de profiter de ce travail et des données nouvelles qu'il fournit, tout en nous réservant de le discuter et d'exposer les raisons qui nous ont obligé souvent, d'accord avec M. Vignier, dont nous avons accepté le classement, à différer d'avis avec M. Kurth.

Peintre d'acteurs, Sharaku a certainement cherché ses premiers modèles dans l'atelier le plus en vogue de son temps pour les représentations des choses de théâtre, chez les Katsukawa, et, que les estampes de Shunsho aient contribué à développer son talent, nul ne saurait ni en douter, ni s'en étonner; il les avait sans doute étudiées déjà alors qu'il était mime, soit à Yédo, soit dans la troupe du prince d'Awa. Ses premières œuvres seront donc celles qui se rapprochent le plus de la manière de Shunsho. Seulement rien de plus délicat que ces dosages d'influences; tandis que M. Kurth croit pouvoir tenir pour des morceaux de début ces hosoyés, si étrangement caractéristiques et où les figures d'acteurs en pied, se détachant sur un fond de décor, nous montrent parfois un art déjà mûr et une originalité pleinement développée, nous mettrons au contraire sans hésitation en tête de série les lutteurs et les Bustes d'acteurs sur fond jaune[1]. Que les portraits du jeune phénomène Owarawayama et des professionnels qui l'entourent (nos 250-251, pl. 56 et 57) n'innovent guère, c'est ce que reconnaîtront tous les amateurs qui ont gardé présentes à la mémoire les pièces analogues des Katsukawa exposées l'an dernier; Sharaku est encore ici tout traditionnel et pareillement dans son Ebisu (n° 249, pl. 56), la date de 1790 qu'on donne de la publication de ces figures de lutteurs semblant plutôt conjecturale. A la vérité, la personnalité se marque davantage dans les bustes; quelques-uns même (nos 256, pl. 62 et 258, pl. 60) semblent comme la première ébauche de types que Sharaku reprendra plus tard, mais avec quel accent! et il essaye ce fond jaune dont

1. Nous aurions peine à accepter pour un Sharaku le hosoyé du musée de Brême signé de son nom; voir la notice de M. Vignier en tête du catalogue de Sharaku.

il tirera de si beaux effets à la fin de sa carrière, dans ses derniers hosoyés; on ne saurait nier toutefois que plusieurs des bustes ne portent encore l'empreinte très nette des Katsukawa et le souvenir de leurs enseignements se sent sous la verve naissante du peintre.

Puis, brusquement, le génie de Sharaku éclate et il donne la série qui a d'abord fondé sa gloire auprès des amateurs français, celle des vingt-trois grands bustes sur fond d'argent. Faut-il lui faire honneur de l'invention de ces fonds métalliques, comme l'indique une des sources japonaises citées par M. Kurth? On en peut douter. De même ignorons-nous si c'est vraiment Sharaku qui a imaginé ce type d'estampes figurant des bustes; les primitifs ne l'ont point connu, semble-t-il, ni toute la génération de 1760 à 1780, Kiyonaga pas davantage, et il faut en venir à Utamaro et à Sharaku pour le rencontrer; mais lequel des deux maîtres l'inventa? C'est ce que l'incertitude de la chronologie comparée de leurs œuvres défend de décider. Quoi qu'il en soit, Sharaku, s'il se les est appropriées, a tiré un merveilleux parti de ces innovations. Les premiers bustes, ceux à fond jaune, étaient encore un peu engoncés; on sentait quelque lourdeur dans la mise en page; ici, l'artiste est maître de son art et la formule qu'il crée est une des plus extraordinaires de toute l'estampe japonaise. Une date est inscrite à la main sur une feuille de la série qui, d'une collection allemande utilisée par M. Kurth, est passée à Paris (n° 266, pl. 66); ce millésime de 1794 ne peut être tenu pour l'année de la publication et il ne s'agit que de celle de l'entrée de la pièce dans une collection; il est intéressant, pourtant, en ce qu'il prouve que la série ne saurait être postérieure à cette date. C'est d'ailleurs le seul renseignement que nous possédions sur ces bustes.

On avait cru longtemps que ces vingt-trois figures patibulaires (il y en avait sans doute vingt-quatre et l'on peut se demander si celle qui complète la série ne serait pas le vieillard en pied (n° 290, pl. 78) qui « lit le boniment ») représentaient les acteurs en vogue à Yédo au temps de Sharaku; il aurait constitué une manière de galerie de portraits de théâtre; mais, très ingénieusement, M. Kurth a reconnu, et c'est un de ses plus incontestables mérites, que ces portraits formaient un ensemble et que cet ensemble n'était rien moins que le commentaire par l'image du drame des 47 Ronins. Ce drame a été un des sujets de prédilection des peintres de l'école populaire; ils en ont figuré souvent les principales scènes et certaines compositions de Masayoshi, de Shunyei, ou plus tard de Hiroshighé sont remarquables par l'intensité du sentiment dramatique; quelques-uns aussi, parmi les primitifs ou les Katsukawa, ont pu nous montrer des acteurs dans leurs meilleurs rôles de cette pièce célèbre, mais tout cela semble de l'imagerie de théâtre, comparé avec Sharaku, chez lequel le portrait d'acteur se hausse jusqu'à l'étude psychologique. Pour peu qu'après avoir relu soit la pièce, soit son analyse détaillée[1], on examine ces grandes têtes, le caractère de chacune d'elles apparaîtra avec une acuité singulière et ce sera presque un jeu d'y apposer son nom. Le gros homme libidineux à vêtements orange (n° 264, pl. 65) ne saurait être que Kono Moronao, le ministre amoureux de la femme du daïmio Yenya Hangwan; celui-là, c'est évidemment ce personnage étonné, à demi caché derrière son éventail, qui ouvre de grands yeux au spectacle de son infortune (n° 278, pl. 71) et dont le suicide, commandé par l'honneur, sera l'objet de la vengeance de ses fidèles ronins. Ces ronins, nous les avons sous les yeux, reconnaissables à leurs cheveux non rasés au sommet de la tête; les uns sont pris au moment où, exécutant leur projet longtemps médité, ils se précipitent à l'assaut de la demeure de l'insulteur de leur maître, sabre au clair (n°s 626, pl. 66 et 279 *bis*, pl. 72); d'autres font le guet, leurs armes sous le manteau (n° 271, pl. 68), tandis que quelques-uns, ayant découvert leur victime, l'engagent sans douceur à faire harakiri à son tour (n° 268 *bis*, pl. 63). Il n'y a pas à se tromper sur l'homme à la lanterne (n° 265 *bis*, pl. 66): il a nom Yuranosuké et c'est lui qui conduit la troupe, par la sombre nuit neigeuse d'hiver, jusqu'aux portes du château félon. Le gros samuraï mal rasé, en robe saumon, incarne le fidèle Kakogawa Honzo (n° 281, pl. 73), et des comparses paraissent aussi, des serviteurs, dont l'un, l'homme à la pipe (n° 270, pl. 67), n'est pas le moins célèbre de la série. Pour les femmes, il semble plus difficile de les exactement déterminer; nous sommes peu sensibles au charme de la belle Konami, la fille de Honzo, si lourde dans son kimono décoré d'étoiles de mer (n° 275, pl. 71), et Kawayo, l'épouse du daïmio Yenya Hangwan (n° 272, pl. 69), celle dont les beaux yeux causèrent tout le mal, ne nous apparaît pas fort séduisante avec son long visage chafouin; ces acteurs déguisés en femmes nous déconcertent, nous croyons leur apercevoir plus de vices que de grâces et sans doute en distinguons-nous mal la nature. Mais, dans l'ensemble, la finesse de l'analyse morale et la vigueur de son expression ne peuvent ne pas frapper et il faut voir en Sharaku un des plus extraordinaires peintres de caractère qui se soient jamais rencontrés.

1. Mitford. *Tales of old Japan*, Londres, 1888.

Cette exactitude à marquer chaque caractère entraîne naturellement une extrême variété, variété de types et d'attitudes, et l'on ne trouverait pas deux bustes, parmi ces vingt-trois, de physionomie ou de mouvement tant soit peu semblables; tous vivent, tous s'agitent, tous parlent, chacun à sa façon. Que cette façon nous semble parfois un peu grimaçante, il est possible; certains gestes paraissent forcés à notre timidité et certains visages caricaturaux; mais qu'on se souvienne de la frénésie des acteurs japonais en scène et cette prétendue violence sera jugée toute naturelle. Jamais d'ailleurs de vulgarité; les plus impitoyables grimaces et les gestes les plus dévergondés gardent leur grandeur. M. Jessen a ingénieusement attribué cette tendance au grand chez Sharaku à l'intime habitude qu'il avait eue des masques de nô, de ces masques d'un réalisme si incisif et si large à la fois que les mimes se mettaient sur le visage; la comparaison est ingénieuse en effet et le rapprochement s'impose : c'est la même acuité d'expression, la même largeur de style et, il faut ajouter, la même simplicité de moyens. Rien de plus simple, en vérité, que les procédés de Sharaku; un trait léger cerne le visage, quelques autres dessinent le nez et indiquent parfois des plans; des coups de pinceau appuyés marquent les sourcils, les yeux et la bouche; on dirait d'un croquis rapide, à peine d'une esquisse; et pourtant tout se modèle et l'on gâterait, l'on rapetisserait tout, à prétendre ajouter quoi que ce soit. De même, il se contente d'ordinaire, quand le rôle de l'acteur n'exige pas un costume somptueux, d'étoffes aux tons assourdis et aux dessins réguliers, et rares sont les éclats, tel celui de la feuille que nous reproduisons en couleurs, avec ses bleus et ses rouges ardents, sur lesquels le blanc et le noir tranchent violemment. Pourtant la réunion de ces tons atténués forme une harmonie singulièrement forte et les taches de couleur s'accordent avec les lignes du dessin en une mise en page admirablement raffinée et expressive.

Les sources japonaises laissent entendre que le public aurait été dérouté par l'art de Sharaku. Pour la série des grands bustes sur fond d'argent on constate que le tirage en a été important; un assez grand nombre d'épreuves de chaque feuille nous sont connues: c'est donc qu'ils avaient trouvé des amateurs[1]. Il n'en va pas de même au contraire des séries suivantes, dont plusieurs feuilles ne paraissent plus exister qu'en un seul exemplaire, certains notamment des Doubles Bustes d'acteurs sur fond d'argent que nous croyons devoir placer en suite des bustes simples. M. Kurth a vu dans cette série l'aboutissement de l'œuvre de Sharaku; pour lui, le peintre y a mis tout le mépris qu'ancien mime, il professait pour les « cabotins »; l'artiste en a dévoilé la bassesse dans ces effigies terribles où le personnage laisse transparaître l'homme, et ce sont ces estampes qui auraient brouillé définitivement Sharaku avec ses modèles et consommé sa ruine. Que, de telles images, les acteurs aient été médiocrement flattés, nous l'admettons sans peine, mais il nous est impossible de les tenir pour beaucoup plus caricaturales et injurieuses que celles de la série précédente : « le Gras et le Maigre » (n° 286, pl. 76) le sont moins sans doute que les grands bustes analogues, le daïmio Honzo ou tel ronin, et pour les « Deux Mégères » (n° 287, pl. 76), nous connaissons la plus hideuse : c'est le même acteur Segawa Tomisaburo que l'auteur nous avait présenté déjà comme Kawayo (n° 272, pl. 69) et les deux portraits sont à peu près identiques. A nos yeux, ces deux séries se complètent l'une l'autre; tout ou plus pourrait-on noter le caractère dramatique un peu plus marqué de la seconde, en suite du groupement des acteurs dans le feu d'une scène, mais l'inspiration demeure la même. Quant à expliquer la rareté des Doubles Bustes, nous y devons renoncer[2].

Les hosoyés de Sharaku ont été révélés aux amateurs européens longtemps après ses grandes têtes et nous nous souvenons d'un temps fort peu lointain, — il y a quinze ans, — où on les connaissait à peine. Bien que nous en ayons pu réunir plus de cinquante, ils demeurent très rares et la plupart ne nous sont parvenus qu'en un petit nombre d'épreuves, sinon en épreuves uniques. Est-ce que le public ne s'y plut pas? nous avouons l'ignorer. Pourtant il y rencontrait moins de sujets d'étonnement que dans les Bustes. D'abord le format lui était familier; au lieu de ces grandes têtes étranges, bien faites pour le dérouter, il retrouvait ses petits acteurs à la manière de Shunsho, mis de même en page et au premier abord assez semblables à ceux des Katsukawa. Il connaissait aussi le décor de fond de ces hosoyés, car beaucoup en sont pourvus, pour l'avoir vu maintes fois chez Shunsho; non pas que Sharaku s'ingéniât comme lui ou comme Buncho à reproduire dans leur minutie les détails de la mise en scène et jusqu'aux moindres accessoires; pour représenter l'intérieur d'une maison, des stores lui suffisent, formant fond avec leur bandes horizontales et leurs glands

1. M. Kurth fournit même une preuve curieuse du succès de Sharaku; l'une de ses estampes, l'Homme à la Pipe, est reproduite, inversée d'ailleurs, sur l'écran que tient à la main une femme dans un hashirakaké de Choki (Nagayoshi) rep. pl. 44.

2. Nous ne connaissons de même qu'une seule épreuve des deux estampes n°s 288 et 289 (pl. 77); or ce sont des diableries dont l'art traditionnel fournit tant d'exemples.

(n° 292 pl. 80, etc.), et tout au plus aperçoit-on parfois le châssis d'un vitrage (n° 298, pl. 87); un jardin ou la campagne, c'est une branche d'arbre qui paraît à côté ou derrière l'acteur (n° 291, pl. 79, etc.); deux feuilles seules nous présentent un décor plus précis, une montagne (n° 300, pl. 78) ou une borne devant une haie (n° 302 pl. 84); mais cette simplification n'a rien de révolutionnaire. Les beaux costumes chers à Shunsho ne manquent pas davantage; les pampres, les branches de chardons, les semis de fleurs grimpent sur les robes, les oiseaux y volent, les grands éventails y déploient leurs grâces (n° 297, pl. 84), quand ce n'est pas un jardin tout entier qu'on y a brodé, avec ses ponts enjambant les touffes d'iris (n° 291, pl. 79), toutes gentillesses fort connues. Restent, il est vrai, les visages et les attitudes des personnages, où vraiment Sharaku a mis sa marque; mais si les terribles bustes avaient charmé les amateurs, ils pouvaient aisément supporter la nouveauté moins agressive de la plupart des hosoyés.

Même à regarder de près certaines de ces figures, l'on hésite à croire que Sharaku, lorsqu'il les dessina, fût déjà pleinement maître de son art; l'influence de Shunsho se sent encore dans bien des visages et divers gestes lui semblent empruntés; l'homme qui tire son sabre (n° 300, pl. 78), celui qui porte une boîte (n° 299, pl. 84), celui qui croise les bras sous son manteau gris (n° 295, pl. 86), d'autres encore pourraient être signés d'un des Katsukawa. M. Kurth a été jusqu'à les considérer comme les premiers débuts du peintre. D'autres feuilles cependant nous le montrent dans toute sa grandeur, l'atroce mégère (n° 301, pl. 78) dont la robe fleurie contraste si puissamment avec le hideux visage, le vieillard à kimono noir dont les bras nus sortent étrangement de ses vastes manches raides (n° 296, pl. 83), la femme qui cache sa tête anxieusement derrière un pan de sa robe semée d'éventails (n° 297, pl. 84), celle enfin qui semble méditer un mauvais coup, mâchonnant une serviette entre ses dents (n° 298, pl. 87); ces figures sont de la meilleure manière du peintre; et quand on parvient à reconstituer des triptyques, que les gestes des acteurs se répondent et que la scène revit sous nos yeux, c'est vraiment à la force dramatique des doubles Bustes que l'on pense. Ces différences d'inspiration, et quelques observations de détail, comme la répétition, ou plutôt la reprise de certains sujets dont sa première interprétation n'aurait pas satisfait l'auteur (scènes des Ronins, n° 292, pl. 80 et 293, pl. 82), prouvent que les hosoyés ne forment point, comme les grands Bustes, une série homogène. M. Kurth l'avait déjà reconnu et il a distingué avec raison les feuilles où le décor a été indiqué de celles où le personnage se détache sur un fond uni; c'est dans les premières que se rencontrent toutes les pièces où quelque réminiscence se sent de l'art de Shunsho; on peut donc les considérer comme plus anciennes. Mais la classification de l'auteur allemand, qui sépare nettement les deux groupes, nous semble trop rigide, avec ses compartiments comme imperméables, et nous admettrons plus volontiers que la publication des hosoyés doit s'échelonner tout le long de la carrière du peintre, les autres séries s'intercalant au milieu d'eux. Au reste, si vraiment Sharaku n'a travaillé que peu d'années, — deux ans, disent, en exagérant évidemment, les sources japonaises, — comment pourrait-on suivre exactement le développement de son talent, déterminer précisément la place de telle œuvre que quelques semaines, quelques jours peut-être, séparent seuls de telle autre, et n'est-il pas quelque peu outrecuidant d'y prétendre[1] ?

Dans les hosoyés que nous venons de voir, le peintre a esquissé derrière l'acteur quelque chose de la mise en scène, il l'a placé en quelque façon dans son milieu; mais d'autres, nous l'avons dit, ne portent aucune de ces indications et le personnage s'y enlève sur un fond uni, jaune d'ordinaire ou neutre; or, on ne saurait le nier, l'art de ces dernières est presque toujours très supérieur. Cette suppression du décor, que Shunsho n'avait jamais osée, donne à la mise en page une noblesse singulière; mais ce n'est pas le fond seul qui se simplifie, le personnage lui-même, isolé et sur lequel toute l'attention se concentre, se dépouille, semble-t-il, de tout ornement adventice et prend une grandeur comparable à celle des Bustes. Il faudrait remonter, au delà des Katsukawa, jusqu'aux premiers Torii pour trouver dans l'estampe japonaise des acteurs d'une telle allure; ils n'ont rien d'ailleurs de la gaucherie des primitifs, c'est plutôt la grandeur de Kiyonaga, et même l'on apercevrait dans certaines pièces des traces directes de son influence : ces longs traits souples que nous admirions chez lui, les voici (n°s 304, pl. 88 et 319, pl. 94, etc.) avec la même élégance et la même sûreté. La simplification du costume, ces étoffes à tons plutôt sourds, ajoutent encore à la noblesse. Et ne peut-on même considérer qu'aux plus belles d'entre ces pièces le caractère un peu grimaçant parfois, tant de l'attitude que des visages,

1. M. Kurth a observé que les feuilles de lutteurs, les acteurs oban à fond jaune et les hosoyés à décor étaient signés Sharaku, tandis que les Bustes simples et doubles sur fond d'argent et les hosoyés sur fond jaune portent la signature complète de Toshusai Sharaku. Il a tiré de cette remarque, juste en général, un élément de chronologie, qui d'ailleurs ne contredit point notre classement; toutefois nous ne saurions guère attacher la même importance que lui à la disposition de la signature sur une ou deux lignes; il n'y a là à nos yeux qu'une question de mise en page.

se rassérène? Qu'on compare avec les énergumènes de certains hosoyés du début (nos 300, pl. 78, 292, pl. 80, etc.) les deux personnages armés de pioches du triptyque (n° 304, pl. 88); ils se battent ou vont se battre, mais leurs traits, toujours parfaitement expressifs, gardent leur finesse et ne se contractent plus; on dirait même que les femmes, ces guenons vicieuses (nos 301, pl. 78; 296, pl. 82), prennent figure humaine et que leurs traits plus réguliers s'harmonisent (n° 313, pl. 92). Si, dans ce groupe, quelques feuilles se rencontrent d'un art plus petit et à la fois plus violent (nos 314, pl. 90; 316, pl. 91), elle prouvent simplement l'enchevêtrement de ces diverses séries et la quasi impossibilité d'en obtenir un classement rationnel.

Il semble pourtant qu'il y ait un certain balancement dans cette œuvre si malaisée à saisir et de même que Sharaku, ses grands bustes d'acteurs achevés, avait entrepris une autre série où deux de ces bustes réunis se combinent en un tableau dramatique, de même, sentant peut-être le peu de cohésion de ses triptyques hosoyés, qui ne sont d'ordinaire que des estampes rapprochées sans lien intime entre elles, il se plut à renforcer l'intérêt dramatique de ces compositions en les resserrant sur la même feuille; de là les oban où figurent deux personnages en pied. Il est logique de croire que ces oban sont postérieurs aux hosoyés, même une raison de style corrobore le simple raisonnement : un de ces oban (n° 329, pl. 102) représente la même scène et les mêmes personnages exactement que nous avions vus en petit format (n° 305, pl. 89); ce sont deux hommes s'apprêtant au combat; or il suffit d'un coup d'œil pour reconnaître la supériorité de la grande estampe, non seulement plus ramassée, mais autrement saisissante d'attitudes et surtout de physionomies, et pour sentir que les hosoyés n'en sont que l'ébauche. Cette série serait alors la dernière de Sharaku et certes elle couronnerait dignement son œuvre. L'intensité de vie est prodigieuse de celles de ces pièces où sont figurées des scènes de violence (nos 329, pl. 102; 330, pl. 100; 335, pl. 101); cependant l'on retrouve aussi dans d'autres quelque chose de cette détente que nous notions en certains hosoyés; nous ne parlons pas seulement des scènes familières, comme celle où une femme, accroupie aux pieds d'un grand personnage, lui raccommode sa sandale (n° 334, pl. 100); il n'y avait pas là matière à grands gestes ni à grimaces; mais ce couple adultère qui s'apprête au suicide (n° 332, pl. 101), ces deux amants qui partent pour l'exil (n° 331, pl. 99), la condamnation à mort surtout par le daïmio de Sendaï de la courtisane qu'il aime et qui refuse de le suivre (n° 333, pl. 102), à quels roulements d'yeux et à quelles contorsions ne prêtaient-ils pas! au début, Sharaku n'eût eu garde d'en priver les amateurs; au contraire, il devait dorénavant atteindre à l'émotion par d'autres moyens et sa sobriété ici a quelque chose de plus expressif et de plus poignant encore que ses violences. Les deux feuilles notamment des Exilés et du Daïmio de Sendaï sont d'une grandeur calme du tragique le plus profond. Quant à la puissante sobriété des tonalités et à la plénitude de la mise en page, il suffit de les signaler : celle-ci surtout n'a jamais été dépassée par aucun dessinateur japonais d'estampes, fût-ce Kiyonaga ou Utamaro.

S'il est vrai qu'on puisse constater cette détente dans certaines des dernières pièces de Sharaku, que faut-il penser du roman édifié autour de son œuvre, de sa lutte contre les acteurs furieux, de l'abandon du public, du congé de son éditeur et de la misère finale? Que penser de ce changement de nom qu'avait soupçonné M. Barbouteau à la suite d'un auteur japonais et que M. Kurth affirme énergiquement? Grâce à sa critique scientifique des textes, M. Kurth a remarqué que ce que les sources disent d'un certain Kabukido Yenkyo peut fort bien s'appliquer à Sharaku; ce personnage n'aurait travaillé que quelques mois, entre 1789 et 1800, il n'aurait pas plu et aurait renoncé à la peinture. Kabukido Yenkyo, c'est donc Sharaku, un Sharaku régénéré, renonçant à son nom dorénavant honni et en adoptant un autre sous lequel il aurait tenté une dernière fois fortune. Nous ne saurions décider si les saines méthodes philologiques justifient d'aussi audacieux rapprochements, toutefois ce que nous connaissons de l'œuvre signé de ce Kabukido Yenkyo ne nous convainc guère et, malgré les dithyrambes de M. Kurth, nous ne voyons pas de quel droit on accole le nom de Sharaku à d'aussi insignifiantes pauvretés. Un seul point, quant à la fin de Sharaku, semble acquis : toutes ses pièces authentiques ont été publiées par le bon éditeur Tsutaya Juzabro; or, celui-ci mourut en 1797; c'est donc antérieurement à cette date que se place la période d'activité de l'artiste. Mais qu'une conspiration d'acteurs l'ait emporté sur lui; que la porte de Tsutaya Juzabro lui ait été fermée; qu'il n'ait plus trouvé d'éditeur pour le livre qu'il préparait et dont les curieux dessins, acquis jadis par M. Barbouteau, sont dispersés aujourd'hui entre les amateurs, ceux de Paris surtout; qu'il ait dû recourir pour vivre aux plus tristes stratagèmes, avouons que nous ne le savons point et que tout cela n'est qu'hypothèse plus ou moins ingénieuse. On pourrait aussi bien imaginer que Sharaku, découragé d'un insuccès immérité, ait repris son métier de mime.

Au reste, ces détails n'importent guère. Sans doute, il serait intéressant de posséder quelques précisions sur la vie d'un artiste tel que Sharaku, mais n'oublions pas que nous sommes encore plus dépourvus en ce qui touche Kiyonaga; et il n'y a pas plus de raisons de faire le roman de l'un que celui de l'autre. Contentons-nous d'admirer leurs estampes et de les étudier. Le présent album y aidera, nous l'espérons. On y trouvera un tableau de l'œuvre de Kiyonaga comme il n'en avait pas été présenté encore et comme, au dire de juges non prévenus, les collections parisiennes pouvaient seules en fournir les matériaux; de Sharaku, nous avons publié toutes les pièces que nous avons pu réunir, dépassant de plus d'un tiers le nombre de celles qui avaient été reproduites jusqu'ici. Les amateurs estimeront peut-être que ces planches n'avaient pas besoin d'un long commentaire et que, sans l'aide d'hypothèses sentimentales ou scientifiques, elles se suffisent à elles-mêmes.

La quatrième exposition du Pavillon de Marsan, en 1912, aura pour objet l'œuvre d'Utamaro.

RAYMOND KOECHLIN.

INDEX

CATALOGUE

NOMS DE PEINTRES

ÉDITEURS

IMPRIMEUR

GRAVEURS

PLANCHES

NOMS D'ARTISTES

GLOSSAIRE

FORMATS

Nagayé ou *Hashirakaké*. — Grand format en hauteur très étroit. Environ : 0m650 sur 0m150.

Hosoyé. — Petit format étroit. Environ : 0m300 sur 0m150.

Oban. — Format en hauteur. Environ : 0m450 sur 0m300.

Chuban. — Petit format en hauteur. Environ : 0m300 sur 0m220.

SIGNATURES

Les signatures des peintres japonais sont suivies d'ordinaire de termes correspondants à pinxit, delineavit, *c'est dans ce volume :*

YÉGAKU. — Dessiné par.

CATALOGUE

TORII KIYONAGA

ESTAMPES DANS LA MANIÈRE DES PRIMITIFS

Formats divers.

1. Hosoyé. Béniyé (jaune et rouge).
Nasu no Yoichi, samuraï du clan des Minamoto s'apprêtant à abattre d'une flèche l'éventail qu'a placé à la proue d'un bateau, la dame Tamamushi, de la cour des Taïra.
Signée : Kiyonaga, yégaku.
Publiée par Yézakiya.
Pl. 1. — H. 0m300. — L. 0m125. M. Jean Lebel.

2. Hosoyé. Béniyé (rose et jaune).
L'acteur Iwaï Hanshiro représentant Tsukisayo.
Signée : Toriï Kiyonaga, yégaku.
Pl. 2. — H. 0m280. — L. 0m135. M. Chialiva.

3. Hosoyé. Béniyé (rose et vert).
L'acteur Ichikawa Monnosuké figurant un jeune samuraï.
Signée : Toriï Kiyonaga, yégaku.
Pl. 2. — H. 0m265. — L. 0m130. M. de Sartiges.

4. Hosoyé. Béniyé (en trois tons : bleu, jaune et rose).
Musashibo Benkei transportant sur son cheval un prisonnier, Tosabo Shojun, jusqu'à la maison de Minamoto no Yoshitsuné, à Nijo-Horikawa (Kyoto).
Signée : Kiyonaga, yégaku.
H. 0m300. — L. 0m135. M. Chialiva.

5. Hosoyé. Béniyé.
Ichikawa Danjuro dans le rôle d'un daïmyo vêtu en Suho-Daïmon (costume d'apparat). Il porte sur un sambon (présentoir de cérémonie), un éboshi (coiffure de cour).
Signée : Kiyonaga, yégaku.
H. 0m305. — L. 0m145. M. Chialiva.

6. Hosoyé.
Ichikawa Danjuro (Hakuyen) dans le rôle de Shibaraku (un des dix-huit rôles où se sont spécialisés les Danjuro).
Signée : Toriï Kiyonaga, yégaku.
Pl. 1. — H. 0m330. — L. 0m145. M. de Sartiges.

7. Hosoyé. Béniyé.
Les acteurs Ichikawa Yaozo et Nakamura Nakazo, représentant deux otokodaté.
Signée : Toriï Kiyonaga, yégaku.
Pl. 3. — H. 0m265. — L. 0m135. M. de Sartiges.

8. Hosoyé.
Montreur de marionnettes.
Signée : Toriï Kiyonaga, fudé.
Pl. 4. — H. 0m300. — L. 0m140. M. Vever.

9. Hosoyé.
Montreur de marionnettes.
Signée : Toriï Kiyonaga, yégaku.
H. 0m310. — L. 0m140. M. Vever.

10. Hosoyé.
L'acteur Yamashita Kinsaku dans un rôle de femme. Elle est debout, auprès d'une barrière de bambous. Au-dessus d'elle une branche d'arbre.
Signée : Kiyonaga, yégaku.
Pl. 4. — H. 0m280. — L. 0m135. M. de Sartiges.

11. Hosoyé.
L'acteur Nakamura Nakazo, dans le rôle du revenant de Dainichibo. Il apparaît sous les traits d'une femme qui vend des plantes.
Dans le fond des meules de paille. A droite un cerisier fleuri.
Signée : Kiyonaga, yégaku.
H. 0m285. — L. 0m135. M. de Sartiges.

12. Hosoyé.
L'acteur Iwaï Hanshiro représentant Mikazuki Osen, qui fut une otokodaté féminine. Dans le coin supérieur gauche de l'estampe se voit une lanterne sur laquelle on lit : Hinoyojin, (prenez garde au feu). Et, Roji Yotsugiri (le passage sera fermé à 10 heures du soir).
Non signée.
H. 0m305. — L. 0m135. M. Vever.

13. Hosoyé.
L'acteur Yamashita Kinsaku dans le rôle de Akoya, une jeune femme qui tient une lanterne d'une main, et de l'autre, un parasol ouvert.
Signée : Kiyonaga, yégaku.
Pl. 4. — H. 0m300. — L. 0m135. M. Vever.

14. Hosoyé.
L'acteur Ichikawa Komazo, se promenant par un jour de neige avec une geisha.
Ce n'est pas là une scène de théâtre, mais un épisode de la vie privée de Komazo, un portrait d'acteur à la ville.
Signée : Kiyonaga, yégaku.
Pl. 4. — H. 0m315. — L. 0m140. M. Vever.

15. Hosoyé.

L'acteur Kinokuniya Noshi rentrant chez lui. Il sort d'une chaya, dont la nakaï (patronne) l'accompagne avec une lanterne. Comme dans l'estampe précédente, c'est une scène de la vie privée de l'acteur.

Signée : Kiyonaga, yégaku.

H. 0m310. — L. 0m145. M. Vever.

16. Hosoyé.

Les acteurs Yamashita Kinsaku et Iwaï Hanshiro, ainsi que la fillette de ce dernier, en costumes de danseurs.

Signée : Kiyonaga, yégaku.

Pl. 3. — H. 0m310. — L. 0m145. M. Vever.

17. Hosoyé.

L'acteur Ségawa Kikunojo se rendant au théâtre, accompagné de son Kongo (domestique).

Signé : Kiyonaga, yégaku.

H. 0m320. — L. 0m150. M. Chialiva.

18. Koban. Béniyé.

Jeune femme assise sur un shogi (banc). Auprès d'elle, deux servantes. Elles admirent les glycines fleuries.

Cette estampe représente une femme de marchand d'Osaka, de cette époque.

Non signée.

Pl. 5. — H. 0m215. — L. 0m145. M. Chialiva.

19. Koban. Béniyé.

Couple d'amoureux s'acheminant, par un soir estival vers Bon-Odori (bal champêtre qui a lieu dans le mois de juillet). Le jeune homme arrange la sandale de son amie. La lanterne hexagonale qui pend dans le coin de droite est un kirikodoro. On l'employait jadis durant les mois d'été.

Non signée.

H. 0m210. — L. 0m150. M. Chialiva.

20. Koban.

Scène de cirque. On voit Taïra no Tadamori, à cheval, combattant avec une démone, qui vole au-dessus de lui, dans la pièce Momiji-gari.

Signée : Kiyonaga, yégaku.

H. 0m220. — L. 0m160. M. Chialiva.

21. Surimono oblong.

L'acteur Ichikawa Danjuro II (Hakuyen) à sa table de toilette.

Signée : Kiyonaga, yégaku.

H. 0m210. — L. 0m315. M. Vever.

22. Oban.

L'acteur Ichikawa Sansho, dans le rôle de Soga no Goro. Il aiguise la pointe d'une flèche.

Ce rôle, qu'on désigne sous le nom de Yanoné Goro, appartient à la série des 18 traditions théâtrales créées par la dynastie des Danjuro.

Signée : Toriï Kiyonaga, yégaku.

H. 0m370. — L. 0m245. M. Vever.

23. Surimono oblong.

La courtisane Takao qu'accompagnent ses deux shinzo, ses deux kamuro, la yarité (servante) et un otokoshu (serviteur portant l'ombrelle). Ce cortège va contempler les cerisiers qui sont en pleine floraison.

Dans le style de Moronobu.

Signée : Kiyonaga, yégaku.

Pl. 2. — H. 0m255. — L. 0m195. M. Rouart.

24. Feuille d'éventail (qui fut autrefois montée). Danse de Genroku exécutée par les acteurs suivants :

Miyazaki Denkichi.
Ichikawa Danjuro I.
Suwaï Kodenji.
Yamashita Osasaburo.
Matsushima Hanya.
Mizuki Tatsunosuké.
Saruwaka Kosaburo.

Estampe traitée dans le style de Moronobu.

Signée : Kiyonaga, fudé.

Pl. 1. — H. 0m235. — L. 0m295. M. Salomon.

25. Shibaï no banzuké. Programme de théâtre. Estampe en largeur de grand format, tirée en noir.

Portraits des principaux acteurs de l'époque et de quelques musiciens d'orchestre.

Publié dans l'année du Rat : 1770.

Signée : Toriï Kiyonaga, fudé.

Possesseur du bois : Wakamatsuya Matsugoro.

Imprimeur : Yamazakiya Gonzaburo.

Pl. 3. — H. 0m295. — L. 0m415. M. Javal.

26. Programme de la représentation du drame Okazari Kotobuki Soga (la revanche des frères Soga), donnée au théâtre Nagaraza, à partir du 5 mai de la 6e année de Temmei (1786).

Le nom de l'artiste et ceux des éditeurs sont coupés.

M. Vever.

27. Programme des représentations de : La Revanche des Frères Soga, donnée au théâtre Kiriza, à partir du 17 novembre de la 5e année de Temmei (1785).

Orchestre dirigé par la famille Tokiwazu.

Non signée.

Publié par Hangiya Suyakichi et Fujiya Kojuro. M. Vever.

28. Programme des représentations données au théâtre Kabukiza à dater du mois de novembre de la 7e année de Kwansei (1795).

Illustré par Toriï Kiyonaga.

Publié par Kiriya Denzayémon. M. Vever.

29. Programme des représentations données au théâtre Kabukiza à dater du mois de novembre de la 11e année de Kwansei (1799).

Illustré par Toriï Kiyonaga.

Publié par Higashida Riyémon et Murata Yasugoro.

M. Vever.

Format hashirakaké.

30. Un bambin à terre qui tire la robe de sa mère. C'est le 5 mai, le jour de la fête des petits garçons. Les feuillages que l'on aperçoit au-dessus du toit indiquent cette date.
Signée : Kiyonaga, yégaku.
H. 0m680. — L. 0m115. M. Vignier.

31. Les deux disciples de Buddha : Kanzan et Jittoku, figurés par deux amoureux.
Signée : Kiyonaga, yégaku.
H. 0m660. — L. 0m120. M. Vignier.

32. Un jeune homme et une jeune femme se promenant sous les érables par un jour d'automne.
Signée : Kiyonaga, yégaku.
Publiée par Yeijudo.
Pl. 5. — H. 0m670. — L. 0m115. M. Vignier.

33. Deux amoureux se promenant sous un parasol.
Signée : Kiyonaga, yégaku.
Publiée par Yeijudo.
Pl. 5. — H. 0m680. — L. 0m115. M. Vignier.

34. Jeune femme vêtue du manteau à longues manches (furisodé) se promenant avec son ombrelle Elle passe sous un saule.
Signée : Kiyonaga, yégaku.
Publiée par Yeijudo.
H. 0m670. — L. 0m125. M. Vignier.

35. Estampe presque identique à la précédente, mais tirée sur un bois différent.
Signée : Kiyonaga, yégaku.
Publiée par Yeijudo.
H. 0m640. — L. 0m115. M. R. Collin.

36. Deux Shiokumi (porteuses d'eau salée) contemplant le Mont Fuji de Tago no Ura.
Signée : Kiyonaga, yégaku.
Publiée par Yeijudo.
H. 0m640. — L. 0m115. M. Vignier.

37. Scène de nouvel-an. Un jeune Daïkagura joue de la flûte dans la rue. D'une fenêtre trois jeunes dames l'écoutent.
Signée : Kiyonaga, yégaku.
Pl. 11. — H. 0m685. — L. 0m115. M. Tronquois.

38. Une jeune femme sur la rive de la Sumida, admirant la scène changeante qu'offre la rivière.
Signée : Kiyonaga, yégaku.
H. 0m670. — L. 0m120. M. Vever.

39. Sous un saule, un couple d'amoureux. Un petit singe joue avec la robe de la jeune femme.
Signé : Kiyonaga, yégaku.
Publiée par Yeijudo.
Pl. 18. — H. 0m700. — L. 0m115. M. Bullier.

40. Jeune femme longeant le bord d'une rivière par un jour de vent et de pluie.
Signée : Kiyonaga, yégaku.
Pl. 21. — H. 0m655. — L. 0m115. M. Bullier.

41. Geisha allant « à la fleur » (hana), c'est dire à un rendez-vous d'amour. Mais elle s'y rend comme musicienne et non comme courtisane. Et sa Jochu (servante) l'accompagne, portant le shamisen dans la boite en laque.
Signée : Kiyonaga, yégaku.
Pl. 21. — H. 0m655. — L. 0m120. M. Odin.

42. Deux jeunes femmes au bain.
Non signée.
Publiée par Nakabayashi.
Pl. 21. — H. 0m680. — L. 0m110. M. Bullier.

43. Une jeune maman faisant faire pipi à son bébé, cependant qu'une jeune fille met à sécher un kimono de l'enfant.
Signée : Kiyonaga, yégaku.
Pl. 8. — H. 0m650. — L. 0m110. M. Vignier.

44. Deux jeunes filles se promènent sous un parasol. Elles sont vêtues de costumes furisodé (à longues manches), l'une en rose, l'autre en violet.
Signée : Kiyonaga, yégaku.
H. 0m680. — L. 0m115. M. Javal.

45. Un jeune homme, que deux amies accompagnent, pêche à la ligne à bord d'un bateau sur la Sumida.
Signée : Kiyonaga, yégaku.
Publiée par Yeijudo.
H. 0m710. — L. 0m120. M. R. Collin.

46. Geisha dans leur chambre. L'une lit une lettre durant que l'autre s'habille.
Signée : Kiyonaga, yégaku.
H. 0m650. — L. 0m110. M. Vever.

47. Jeune fille jouant au volant un jour de nouvel-an.
Signée : Kiyonaga, yégaku.
H. 0m680. — L. 0m125. M. Vever.

48. Jeune femme descendant les degrés de pierre de l'escalier d'un temple shintoïste. Elle rentre chez elle après sa prière aux dieux.
Signée : Kiyonaga, yégaku.
Pl. 37. — H. 0m655. — H. 0m120. M. Vignier.

49. Soir d'été. Deux jeunes femmes bavardent. L'une a gagné sa couche recouverte de la moustiquaire. L'autre est debout, son écran à la main.
Signée : Kiyonaga, yégaku.
Publiée par Yeijudo.
Pl. 37. — H. 0m650. — H. 0m115. M. Vignier.

50. Une jeune fille portant un parasol cherche son amoureux dans le bac qui traverse la Sumida. Une inscription porte : « Quelqu'un lui a dit du bateau : Vous feriez mieux d'aller à Heiroku (une maison de thé) ».
Signée : Kiyonaga, yégaku.
H. 0m675. — L. 0m115. M. Vignier.

51. Transposition comique de la scène de l'espion du Chushingura (le drame des 47 Ronin). On devrait voir au balcon la courtisane Okaru, sur la terrasse lisant une lettre d'amour Oishi Yoshio, et se cachant l'espion Kudayu. Tandis qu'on assiste à une scène de jalousie. Le mari est sur le balcon. En bas sa maîtresse lit la fin d'une lettre dont l'épouse, dissimulée sous la terrasse, lit le commencement.

Signée : Kiyonaga, yégaku.

Pl. 11 — H. 0m690. — L. 0m115. M. R. Collin.

52. Jeune femme regardant sa servante qui coupe d'un petit sommeil l'ennuyeuse besogne d'arranger des fils.

Signée : Kiyogana, yégaku.

H. 0m685. — L. 0m110. M. Bing.

53. Jeune femme, vêtue d'un costume de voyage, cheminant dans la campagne. Un petit serviteur l'accompagne.

De la série Fuzoku Juni Tsui. Douze paires de différents styles.

Signée : Kiyonaga, yégaku.

H. 0m680. — L. 0m115. M. Bullier.

54. Courtisane, vêtue d'un kimono décoré de plumes de paon, se rendant à un temple shintoïste. Elle passe sous un torii que surmonte une branche fleurie de cerisier.

De la même série que ci-dessus.

Signée : Kiyonaga, yégaku.

H. 0m675. — L. 0m115. M. Vever.

ESTAMPES APPARTENANT A DES SÉRIES

Oban et chuban.

55. Diptyque de format oban.

Deux hommes, s'éjouissant, en un jour de juillet, avec des courtisanes, des geisha et un Taïkomochi (cicerone pour lieux de plaisir) dans une chaya de Shinagawa.

De la série Minami Juniko : Les douze mois du Sud. (Sud signifie ici sud de Yédo : Shinagawa).

Signée : Kiyonaga, yégaku.

Pl. 6 et 7 (en couleurs). — H. 0m380. — L. 0m260. M. Vever.

56 Oban.

Scène de chaya. Deux courtisanes lisent une lettre à la clarté d'une ando (lanterne d'appartement). Une troisième regarde au dehors, à travers les barreaux de la fenêtre, le clair de lune sur la baie de Shinagawa où des pêcheurs pêchent au flambeau.

Même série que ci-dessus.

Signée : Kiyonaga, yégaku.

Pl. 8. — H. 0m380. — L. 0m250. M. de Camondo.

57. Diptyque oban.

Un jeune homme, qu'une courtisane et plusieurs geisha accompagnent, contemplant la vue de la baie de Shinagawa.

Même série que ci-dessus.

Signée : Kiyonaga, yégaku.

Pl. 9. — H. 0m375. — L. 0m510. M. Vever.

58. Diptyque.

A Gotenyama, des promeneurs admirent la floraison des cerisiers.

Même série que ci-dessus.

Signée : Kiyonaga, yégaku.

L'une H. 0m365. — L. 0m245.

L'autre H. 0m370. — L. 0m250. M. Smet.

59. Oban.

Une nuit de fête shintoïste, une geisha va « à la fleur ». Elle est accompagnée d'une servante, qui parle à une autre femme.

Même série que ci-dessus.

Signée : Kiyonaga, yégaku.

H. 0m370. — L. 0m250. M. Bing.

60. Diptyque oban.

Sur la feuille de gauche, on voit des jeunes gens, deux geisha et deux nakaï se rendant à une chaya.

Sauf le fond qui est ici noir, l'estampe de droite est la même que la précédente à fond clair.

Même série que ci-dessus.

Signée : Kiyonaga, yégaku.

Pl. 10. — H. 0m370. — L. 0m500. M. Vever.

61. Chuban.

Par un jour de novembre, deux dames et un enfant se promènent dans un jardin que la neige a recouvert.

Même série que ci-dessus, en format différent.

Signée : Kiyonaga, yégaku.

Pl. 11. — H. 0m250. — L. 0m185. M. Mutiaux.

62. Chuban.

Trois jeunes femmes savourent la fraîcheur de la brise sur le balcon de la chaya Sangenya à Shinagawa. C'est le mois de juin.

Même série que ci-dessus.

Signée : Kiyonaga, yégaku.

Pl. 11. — H. 0m265. — L. 0m190. M. Jacquin.

63. Oban.

Deux porteuses de sel.

De la série Fuzoku Azuma no Nishiki : brocards de l'Est ou coutumes et manières des divers habitants de Yédo, illustrées par l'estampe.

Signée : Kiyonaga, yégaku.

Pl. 12 (en couleurs). — H. 0m385. — L. 0m250. M. Salomon.

64. Oban.

Jeune fille se promenant, accompagnée de deux femmes. Elle est vêtue du furisodé (vêtement à manches longues) et coiffée d'un chapeau de paille (*Sugegasa*).

Même série que ci-dessus.

Signée : Kiyonaga, yégaku.

H. 0m365. — L. 0m245. M. Marteau.

65. Oban.

Trois jeunes femmes de Yédo se promenant par un jour de pluie.

Même série que ci-dessus.
Signée : Kiyonaga, yégaku.
Pl. 13. — H. 0m365. — L. 0m255. M. Salomon.

66. Oban.
Trois jeunes femmes se rhabillant après leur bain dans la salle contiguë à la piscine publique.
Même série que ci-dessus.
Signée : Kiyonaga, yégaku.
Pl. 14 (en couleurs). — H. 0m375. — L. 0m255. M. Vever.

67. Oban.
Trois jeunes femmes de la bonne société de Yédo se promenant dans la campagne par un jour d'automne.
Même série que ci-dessus.
Signée : Kiyonaga, yégaku.
Pl. 13. — H. 0m380. — L. 0m250. M. Jacquin

68. Oban.
Une jeune dame appartenant à une famille de Samuraï de haute classe, se promène accompagnée de sa *Koshimoto* (première femme de chambre, dont le service consiste à être toujours auprès de sa maîtresse) d'une *Jochu* (servante de rang inférieur, et d'un *wakato* (jeune samuraï qui sert de garde-du-corps).
La koshimoto porte un mamorigatana (sorte de poignard, qui sert surtout de protection contre les esprits du mal). Ce poignard est enveloppé dans un morceau de brocard. Une bourse y est attachée, qui renferme diverses amulettes shintoïstes.
Même série que ci-dessus.
Signée Kiyonaga, yégaku.
H. 0m365. — L. 0m255. M. Bouasse-Lebel.

69. Oban.
Deux jeunes femmes, dont l'une porte un capuchon noir se promenant par un jour de grand vent. La seconde se prend le pied dans la corde d'un cerf-volant qu'un petit garçon se préparait à lancer.
Même série que ci-dessus.
Signée Kiyonaga, yégaku.
Pl. 15. — H. 0m365. — L. 0m245. M. Mutiaux.

70. Oban.
Deux jeunes femmes jouent avec un bambin. L'une d'elles, vêtue d'un peignoir, vient de sortir du bain. Elle s'essuie l'oreille avec sa manche. Cette estampe montre les coutumes des femmes de la classe des marchands de Yédo.
Même série que ci-dessus.
Signée : Kiyonaga, yegaku.
Pl. 15. — H. 0m370. — L. 0m250. M. Vever.

71. Oban.
Deux jeunes femmes, accompagnées par un petit domestique, vont acheter des Bonsaï (arbres nains en pots) à un élégant marchand.
Même série que ci-dessus.
Signée : Kiyonaga, yégaku.
Pl. 17 (en couleurs). — H. 0m390. — L. 0m265. M. Jacquin.

72. Diptyque oban.
Jeunes dames cueillant des fleurs de cerisiers à Uyéno. Plusieurs d'entre elles sont coiffées de chapeaux de papier.
Même série que ci-dessus.
Signée Kiyonaga, yégaku.
H. 0m365. — L. 0m250. M. Vever.

73. Oban.
Deux jeunes femmes ont planté un petit drapeau dans les cheveux de leur servante qui s'est endormie à côté des écheveaux de soie qu'elle triait.
Même sujet, dans un autre format que 52.
Même série que ci-dessus.
Signée : Kiyonaga, yégaku.
Pl. 16. — H. 0m375. — L. 0m255. M. Bullier.

74. Oban.
Une jeune mère et deux autres femmes amusant un bambin dont le frère aîné joue avec un cheval de bois.
De la série : Toseï Mitsu no Koma : Les trois poneys modernes.
Signée : Kiyonaga, yégaku.
Pl. 16. — H. 0m385. — L. 0m255. M. Rouart.

75. Chuban.
A Goten-yama, dans une *chamise* (maison de thé), une jeune femme, assise sur un banc, sa pipe à la main, se repose. Elle parle à la patronne du lieu, qui se tourne vers elle, en s'essuyant les mains.
On voit, tout fleuri d'iris, un étang sur lequel se penche un cerisier.
De la série Chamise Jukkei : Dix fameuses maisons de thé de Yédo.
Signée : Kiyonaga, yégaku.
H. 0m255. — L. 0m195. M. Rouart.

76. Chuban.
Du balcon d'une chaya à Nakazu, deux geisha et une servante regardent la Sumida.
Même série que ci-dessus.
Signée : Kiyonaga, yégaku.
Publiée par Yeijudo.
Pl. 18. — H. 0m240. — L. 0m180. M. Migeon.

77. Chuban.
Une geisha, accompagnée d'un serviteur, passe devant une des maisons de thé les plus connues du district de Yagembori, la Hatsutaka, et s'arrête un instant pour bavarder avec la tenancière de l'établissement.
Même série que ci-dessus.
Signée : Kiyonaga, yégaku.
Publiée par Yeijudo.
H. 0m245. — L. 0m165. M. Chialiva.

78. Chuban.

Dans la cour du temple de Kinriozan, une jeune femme prie devant la chapelle de Jizo, pendant que ses deux compagnes l'attendent.

De la série : Asakusa Kinriozan Hakkei (Huit vues de Kinriozan, à Asakusa).

H. 0m245. — L. 0m185. M. Chialiva.

79. Chuban.

Une jeune fille et son petit frère, accompagnés par deux servantes, contemplent, du pont d'Azuma, le temple d'Asakusa.

Même série que ci-dessus.

Signée : Kiyonaga, yégaku.

Publiée par Yeijudo.

Pl. 18. — H. 0m250. — L. 0m185. M. Salomon.

80. Oban.

Trois jeunes femmes prenant le frais, un soir d'été, sur le balcon de la chaya Tsuruya, au bord de la Sumida.

De la série : Tosei Yuri Bijin Awasé (Les Beautés actuelles des yuri). Les yuri sont les quartiers comme le yoshiwara et d'autres, où vivent les femmes galantes.

Signée : Kiyonaga, yégaku.

H. 0m370. H. 0m250. M. de Camondo.

81. Oban.

Deux geisha et une servante se promenant par un jour de vent.

Même série que ci-dessus.

Signée : Kiyonaga, yégaku.

Pl. 19. — H. 0m390. — L. 0m260. M. Chialiva.

82. Oban.

Deux courtisanes et une shinzo qui s'apprête à regarder au loin avec une lunette d'approche.

Même série que ci-dessus.

Signée : Kiyonaga, yégaku.

H. 0m385. — L. 0m250. M. Chialiva.

83. Oban.

Deux jeunes filles vêtues de furisodé (vêtements à longues manches), se promenant sous un parasol, accompagnées par une servante.

Même serie que ci-dessus.

Signée : Kiyonaga, yégaku.

H. 0m375. — L. 0m250. M. Mutiaux.

84. Oban.

Une geisha et sa servante s'entretenant avec une jeune danseuse.

Même série que ci-dessus.

Signée : Kiyonaga, yégaku.

Pl. 20. — H. 0m375. — L. 0m250. Mme Chausson.

85. Oban.

Tout en s'entretenant avec une compagne et un jeune homme, une geisha accorde son instrument.

Même série que ci-dessus.

Signée : Kiyonaga, yégaku.

H. 0m380. — L. 0m255. M. Chialiva.

86. Oban.

Quatre geisha bavardent gaiement dans la chambre où elles s'habillent.

Même série que ci-dessus.

Signée : Kiyonaga yégaku.

Pl. 19. — H. 0m375. — L. 0m245. M. Bing.

87. Oban.

Avant de rejoindre son amant, qui est déjà étendu sous la moustiquaire, une jeune femme, en costume de nuit, bavarde encore un moment avec une amie.

Même série que ci-dessus.

Signée : Kiyonaga, yégaku.

H. 0m370. — L. 245. M. Vever.

88. Oban.

Deux jeunes femmes et une fillette se promènent à Oji, endroit de Yédo célèbre pour ses érables.

Même série que ci-dessus.

Signée : Kiyonaga, yégaku.

H. 0m375. — L. 0m245. M. Le Veel.

89. Oban.

Scène de la vie privée des geisha. L'une est auprès de sa table de toilette. Une deuxième passe une lettre. L'autre en lit une.

Même série que ci-dessus.

Signée : Kiyonaga, yégaku.

H. 0m375. — 0m250. M. Vever.

90. Oban.

La courtisane Hana ogi, de la maison Ogiya, accompagnée de deux shinzo qui se nomment Yoshino et Tatsuta, et de deux petites kamuro.

De la série : Hinagata Wakana no Hatsumoyo. (Dessins d'après des légumes nouveaux). Par légumes nouveaux, primeurs évidemment, il faut entendre des jeunes femmes.

Signée : Kiyonaga, yégaku.

Pl. 20. — H. 0m380. — L. 0m250. M. R. Collin.

91. Oban.

La courtisane Chozan, de la maison Chojiya, se promenant avec ses deux kamuro Shiori et Tsumaki.

Même série que ci-dessus.

Signée : Kiyonaga, yégaku.

Publiée par Yeijudo.

H. 0m380. — L. 0m255. Mme Gillot.

92. Chuban.

Dans une auberge, par un jour de printemps, deux jeunes femmes paressent. L'une, accroupie, tient un livre ouvert à la main. L'autre, la gorge nue dans son peignoir léger, arrange sa coiffure. Au fond, paysage de montagne.

De la série Hakoné Shichito Meisho : Sept chauds printemps à Hakoné.

Signée : Kiyonaga, yégaku.

Publiée par Yeijudo.

H. 0m250. — L. 0m180. M. Bullier.

93. Chuban.

Après le bain, deux jeunes femmes, au balcon d'une auberge de Miyanoshita, prennent le frais en contemplant le paysage d'alentour.

Même série que ci-dessus.

Pl. 22. — H. 0m255. — L. 185. M. Smet.

94. Oban.

Deux jeunes filles, l'une assise sur un siège de bambou, et l'autre debout auprès d'elle, s'amusant avec un fruit.

De la série Juttaigwa Fuzoku. Dix exemples différents de styles et de coutumes.

Signée : Kiyonaga, yégaku.

Publiée par Takasu (Shiba).

Pl. 24. — H. 0m385. — L. 0m255. M. Vever.

95. Oban.

Une geisha, couchée dans son lit sous d'épaisses couvertures, parle à son amie, qui est debout auprès d'un paravent.

Même série que ci-dessus.

Signée : Kiyonaga, yégaku.

H. 0m375. — L. 0m250. M. Vever.

96. Chuban.

Deux geisha vont s'embarquer à bord d'un bac qui traverse la Sumida.

De la série des Shiki Hakkei. (Huit vues des quatre saisons).

Signée : Kiyonaga, yégaku.

Pl. 23. — H. 0m250. — L. 0m190. M. Vever.

97. Chuban.

Salle de bains. Une jeune femme en sort, vêtue d'un peignoir, tandis que sa compagne est encore dans la baignoire.

De la série Irokurabé Empei Sugata. (Concours de beautés).

Signée : Kiyonaga, yégaku.

Pl. 23. — H. 0m265. — L. 0m190. M. Koechlin.

98. Chuban.

Un homme et une femme en train de blanchir une pièce de coton auprès de la Tamagawa. Une jeune fille s'entretient avec le couple.

De la série Gotaiheiki Shiraishi banashi.

Signée : Kiyonaga, yégaku.

H. 0m245. — L. 0m185. M. Chialiva.

99. Chuban.

Au bord de la Sumida, par un soir d'été, deux jeunes femmes se promènent, près du pont de Ryogoku, l'une portant une lanterne et l'autre un écran. Toutes deux se retournent vers un jeune homme, qui chemine derrière elles.

De la série Azuma hatsu Jukkei. (Dix scènes estivales à Yédo).

Signée : Kiyonaga, yégaku.

Publiée par Takasu.

H. 0m255. — L. 0m185. M. Vever.

100. Chuban.

Vêtue d'un kimono de tissu très mince, qui laisse transparaître son buste, une jeune fille parle à une jeune femme assise sur un siège de bambou.

Elles sont toutes deux sous un saule au bord de la rivière. Et c'est un soir d'été.

De la série Wakoku Bijin Riakushu. (Collection de beautés japonaises).

Signée : Kiyonaga, yégaku.

H. 0m260. — L. 0m195. M. Hougard.

101. Chuban.

Deux jeunes femmes se promènent dans la campagne par un jour de vent.

De la série Fuzoku Junitsui, déjà vue en un format différent, n° 53.

Signée : Kiyonaga, yégaku.

Pl. 23. — H. 0m245. — L. 180. M. Koechlin.

102. Chuban.

Un homme, une geisha et sa nakaï s'amusant dans un restaurant à Mukojimé.

L'homme poursuit en jouant une des femmes. L'autre regarde.

De la série Yédo Meisho Shu. (Les endroits fameux de Yédo).

Signée : Kiyonaga, yégaku.

H. 0m245. — L. 0m185. M. Bing.

103. Oban.

Enfants jouant avec des chrysanthèmes le jour de Kiku no kekku (la fête des chrysanthèmes, qui a lieu le 9 septembre).

De la série Kodakara Gosetsu Asobi. (Jeux d'enfants pour les 5 festivals).

Pl. 24. — H. 0m385. — L. 0m 255. M. Vever.

104 Chuban.

Un jeune homme, une geisha et sa nakaï respirent la brise marine sur le balcon d'une maison de thé à Nakazu.

De la série Nakazu no Hana. (Les fleurs de Nakazu).

Signée : Kiyonaga, yégaku.

H. 0m255. — L. 0m190. M. de Camondo.

105. Chuban.

Dans un champ, près de Tago-no-ura, une jeune paysanne porte le déjeuner à son mari. Elle est accompagnée de ses deux enfants, dont l'un, son filet sur l'épaule, s'en va à la pêche.

De la série Shiki no Fuji. (Les quatre saisons du Fuji).

H. 0m255. — L. 0m190. M. de Camondo.

106. Chuban.

Deux jeunes filles dansant la « Tsutsu Izutsu » accompagnées sur le shamisen par trois geisha, le jour de la fête du Temple Sannô.

De la série Sannô Gosaïraï. (Festival du Temple Sannô).

Signée : Kiyonaga, yégaku.

Publiée par Yeijudo.

H. 0m260. — L. 0m185. M. Tronquois.

107\. Chuban de grande dimension.

Une jeune dame de la bonne société, vêtue d'un costume de voyage, part pour une promenade. Elle est accompagnée de ses deux femmes de chambre (Koshimoto) et d'un petit serviteur.

De la série : Onna Fuzoku Masukagami. (Miroir du style élevé des femmes).

Signée : Kiyonaga, yégaku.

Publiée par Iseji.

H. 0m320. — L. 0m220. Mme GILLOT.

DIPTYQUES ET TRIPTYQUES

Format oban.

(SANS INDICATION DE SÉRIE)

108\. Triptyque.

Un orage d'été vient subitement d'éclater. Les promeneurs se réfugient sous le péristyle d'un temple.

Sur les nuages, on voit les dieux du tonnerre, ici représentés par des Haïkaïshi, qui sont des poètes comiques.

Signée : Kiyonaga, yégaku.

Pl. 25. — H. 0m370. — L. (de chaque estampe) 0m 245.

M. JACQUIN.

109\. Triptyque.

Minamoto no Ushiwakamaru (qui se nommait dans sa jeunesse Yoshitsuné), rendant visite à sa maitresse, Jorurihimé. Pour signaler sa présence, il joue un air de flûte à la porte de la belle. Apparaissent alors des servantes qui vont l'introduire

Signée : Kiyonaga, yégaku.

Publiée par Yeijudo.

Pl. 26. — H. 0m375. L. de chaque est. 0m250. M. VEVER.

110\. Pentaptyque.

Sur les bords de la Sumida, à l'époque de la floraison des cerisiers, ce ne sont que jeux, promenades et pique-niques sur l'herbe.

Signée : Kiyonaga, yégaku.

Publiée par Tsuruya.

Pl. 27. — H. 0m365. — L. de chaque est. 0m240.

M. DE SARTIGES.

111\. Diptyque.

Dans une chaya de Shinagawa, un jeune viveur avec sa suite habituelle de courtisanes et de geisha vont prendre des rafraîchissements (sakamori).

Signée : Kiyonaga, yégaku.

H. 0m375. — L. 0m510. M. VEVER.

112\. Diptyque.

Deux planches d'un tryptique (manquerait l'estampe de gauche).

Des dames et des enfants se promenant à Asukayama, au temps de la floraison des cerisiers.

Signée : Kiyonaga, yégaku.

H. 0m390. — L. 0m500. M. VEVER.

113\. Triptyque.

Dans la chaya Kankaro, qui est située en plein Yoshiwara, des gens se livrent à divers passe-temps : il en est qui jouent à colin-maillard, qui pêchent à la ligne, qui prennent le thé.

Signée : Kiyonaga, yégaku.

Publiée par Wakasaya.

H. 0m365. — L. 0m715. M. MARONI.

114\. Triptyque.

Des jeunes femmes et une fillette goûtent le charme d'une soirée d'été sur le balcon d'un restaurant de Shijo-Gawara, au bord de la rivière Kamo à Kyoto. Les deux femmes en tabliers rouges sont les servantes de l'endroit.

A droite, une femme allume un *hanabi* (feu d'artifice flottant).

Le triptyque est intitulé : Shijo-Gawara Yusuzumi no Tei (Scène d'été à Shijo-Gawara).

Signée : Kiyonaga, yégaku.

Pl. 28. — H. 0m365. — L. 0m765. M. VEVER.

115\. Diptyque.

Jeunes femmes, dans la cour du temple de Kaméïdo, au temps des glycines fleuries. Le pont incurvé qu'on voit à gauche est nommé le Sorihashi de Kameido.

Signée : Kiyonaga, yégaku.

Pl. 29. — H. 0m380. — L. 0m510.

116\. Diptyque.

A Horikiri, endroit connu de Yédo pour la beauté de ses iris, des jeunes femmes sont venues.

Signée : Kiyonaga, yégaku.

H. 0m365. — L. 0m245.

H. 0m385. — L. 0m260. M. VEVER.

117\. Triptyque.

Dans un jardin fleuri de pivoines, à Asakusa, trois courtisanes se promènent, avec leur suite habituelle de shinzo et de kamuro :

Ce sont (de gauche à droite) :

Shisuka (de la maison Tamaya), avec ses deux kamuro Tatsuta et Momiji.

Hinazuru (de la maison Chojiya), avec ses deux kamuro Kocho et Tsuruji.

Katachino (de la maison Ogiya), avec ses deux kamuro Shigéno et Makino.

Signée : Kiyonaga, yégaku.

Publiée par Yeijudo.

Pl. 30. — H. 0m385. — L. 0m740. M. VEVER.

118\. Diptyque.

Scène dans un bain, public à Yédo. C'est la fameuse et rarissime estampe connue sous le nom du « Bain de Kiyonaga ».

Non signée.

Publiée par Iséji.

Pl. 31. — H. 0m380. — L. 0m510. M. VEVER.

119. Triptyque.

Bateau de plaisance débarquant ses joyeux passagers sur le quai de la Sumida.

Signée : Kiyonaga, yégaku.

Pl. 32. — H. 0m375. — L. 0m760. M. SALOMON.

120. Diptyque (probablement partie de triptyque).

Groupe d'hommes et de femmes de diverses conditions, à bord d'un bac qui traverse la Sumida.

Signée : Kiyonaga, yégaku.

Pl. 33. — H. 0m365. — L. 0m495. M. VEVER.

121. Triptyque.

Un jour de lessive dans une maison située près de la Sumida.

Publiée par Tsuruya.

Signée : Kiyonaga, yégaku.

H. 0m375. — L. 0m735. M. ROUART.

122. Triptyque.

Toute une société de jeunes hommes et de geisha se divertissant dans des bateaux qui passent sous le pont de Riyogoku.

Signée : Kiyonaga, yégaku.

Pl. 34. — H. 0m360. — L. 0m735. M. VIGNIER.

123. Triptyque.

Des touristes qui sont venus à Yénoshima, se reposent sur la plage, dans une chaya.

Signée : Kiyonaga, yégaku.

Publiée par Yeijudo.

Pl. 35. — H. 0m365. — L. 0m705. M. DOUCET.

124. Triptyque.

Dans le Nouveau Jardin de Sodegaoka (détroit de Shinagawa, des dames sont venues pour admirer la floraison des cerisiers.

Signée : Kiyonaga, yégaku.

Publiée par Takasu (Shiba).

H. 0m380. — L. 0m720. M. CHIALIVA.

125. Diptyque (partie de triptyque).

A gauche, deux jeunes femmes se reposant sur les bords de la Sumida. Une servante de chaya leur apporte du thé. A droite, une dame âgée et deux jeunes femmes se promènent.

Pl. 36 (en couleurs) et 37.

Feuille gauche. — H. 0m365. — L. 0,385. M. JACQUIN

Feuille droite. — H. 0m370. — L. 0m245. M. DE CAMONDO.

N.-B. — Les tonalités de ces deux pièces étaient trop différentes pour qu'il fût possible de les reproduire sous forme de diptyque.

126. Feuille de diptyque (oban rogné).

La danse du shishi dansée par un groupe de femmes du Yoshiwara.

Une inscription porte : « On commencera le 1er août de la 3e année de Temmei » (1783).

Les noms des danseuses à partir de la gauche sont : Oyao, Tsutakichi, Oshizu, Kamékichi, Oïchi, Itsuji, Komaji, Oïto, Omina, Kurakichi, Toyoshika, Orisé et Omuné.

Signée : Kiyonaga, yégaku.

Le diptyque complet se trouve dans la collection Haviland.

Pl. 23. — H. 0m295. — L. 0m205. M. KŒCHLIN.

ESTAMPES ISOLÉES

Formats divers.

(SANS INDICATION DE SÉRIE)

127. Oban.

Monté sur le dos de son ours favori et portant sa hache sur l'épaule, Kintoki se promène le matin sur le sauvage mont Ashigara.

Signée : Kiyonaga, fudé.

Publiée par Yeijudo.

H. 0m385. — L. 0m255. M. VEVER.

128. Oban.

Scène de théâtre où figurent les acteurs Iwaï Hanshiro (en femme), et Kino Kuniya Noshi (en homme).

H. 0m385. — L. 0m255. M. VEVER.

129. Oban.

Les acteurs Ichikawa Monnosuké et Ségawa Kikunojo, l'un en costume d'homme, l'autre en femme, rendant visite et apportant des fleurs à un fameux chanteur de l'époque Tomimoto Buzendayu, (son nom est écrit sur la porte).

Signée : Kiyonaga, yégaku.

Publiée par Wakasaya.

H. 0m370. — L. 0m250. M. VEVER.

130. Oban.

Acteur dansant la danse Shakkyo.

Signée : Kiyonaga, yégaku.

Publiée par Yeijudo.

Pl. 38. — H. 0m380. — L. 0m255. M. CHIALIVA.

131. Oban.

La courtisane Ségawa (de la maison Matsubaya) et ses kamuro Sasano et Takéno.

Signée : Kiyonaga, yégaku.

Publiée par Yeijudo.

H. 0m380. — L. 0m255. M. BULLIER.

132. Oban yokoyé.

Scène de rue. La cérémonie d'inauguration d'un théâtre, célébrée par toute la troupe d'acteurs.

Les maisons qui bordent la rue sont des chaya et des Shibaïjaya (agences théâtrales).

Non signée, ou plus probablement, signature rognée.

Pl. 39. — H. 0m295. — L. 0m395. M. BING.

133. Oban.

Scène de théâtre jouée par l'acteur Ichikawa Komazo, dans un rôle de jeune homme, et Ichikawa Monnosuké figurant une jeune fille.

Signée : Kiyonaga, yégaku.

Publiée par Yeijudo.

Pl. 38. — H. 0m370. — L. 0m255. M. BULLIER.

134. Oban.

Deux jeunes femmes cheminent sur la rive de la Sumida, par un jour de neige. L'une d'elles porte une bouilloire à saké.

Signée : Kiyonaga, yégaku.

H. $0^{m}380$. — L. $0^{m}235$. M. Kœchlin.

134 *bis*. Oban.

Sur la terrasse d'un palais, qu'abrite en partie un store, deux dames de la cour devisent, en admirant le paysage.

Signée : Kiyonaga, yégaku.

Pl. 21. — H. $0^{m}360$. — L. $0^{m}250$. M. R. Collin.

135. Oban.

Un jour d'automne, quatre jeunes femmes admirent à Oji les érables dont les feuilles se sont teintées en rouge.

Signée : Kiyonaga, yégaku.

H. $0^{m}375$. — L. $0^{m}250$. M. R. Collin.

136. Oban.

Une fillette jouant du Shichigen-Kin. (Instrument à sept cordes).

Non signée.

H. $0^{m}380$. — L. $0^{m}260$. M. Fleury.

137. Petit Nozokiyé (estampe de forme circulaire).

Vue de la Sumida sous le pont de Ryogoku.

Signée : Kiyonaga, yégaku.

Pl. 5. — Diamètre $0^{m}160$. M. Manzi.

138. Oban.

Épreuve d'essai, tirée sur le bois des noirs, et coloriée à la main. Une note manuscrite à gauche porte : « Pour être imprimée en dégradé ».

Deux geisha dans l'intimité. L'une, assise à terre, joue du shamisen. L'autre sort du bain. Elle s'essuie la joue d'un pan de son peignoir qui laisse voir sa jambe et ses seins.

Publiée par Takasu.

H. $0^{m}375$. — L. $0^{m}260$. M. Vever.

139. Oban Yokoyé.

Scène de Yoshiwara, où l'on voit simultanément ce qui se passe dans les salons (Zashiki) et dans la cuisine (Daïdokoro).

Non signée.

H. $0^{m}290$. — L. $0^{m}410$. M. Bing.

BUNCHO

PORTRAITS D'ACTEURS

Format hosoyé.

140. L'acteur Arashi Hinaji figurant une femme qui balaie la neige dans un jardin.

Signée : Ippitsusaï Buncho, yégaku.

Pl. 43. — H. $0^{m}315$. — L. $0^{m}150$. M. Seure.

141. L'acteur Arashi Hinaji figurant un « mushiuri », marchand d'insectes. Il est debout auprès d'une porte et tient un écran à la main. Derrière lui, un éventaire portatif, chargé de cages d'insectes.

Signée : Ippitsusaï Buncho, yégaku.

Publiée par Nishimura,

H. $0^{m}320$. — L. $0^{m}145$. M. Kœchlin.

142. L'acteur Arashi Hinaji dans le rôle d'une femme qui voyage à travers la campagne, en automne.

Signée : Ippitsusaï Buncho, yégaku.

H. $0^{m}305$. — L. $0^{m}140$. M. Le Veel.

143. L'acteur Arashi Hikokichi, dans le rôle d'un otokodaté.

Signée : Ippitsusaï Buncho, yégaku.

Pl. 40. — H. $0^{m}280$. — L. $0^{m}120$. M. Bing.

144. Scène de théâtre représentée par l'acteur Otami Soji, dans le rôle d'un homme qui tire son sabre, et par Tanimura Torézo, dans le rôle d'une femme qui porte une bouilloire à saké, ornée de l'emblème du mariage : le papillon.

Signée : Ippitsusaï, yégaku.

H. $0^{m}320$. — L. $0^{m}150$. M. Le Veel.

145. L'acteur Nakayama Kumétaro représentant une femme qui sort, son ombrelle ouverte, par un jour de neige.

Signée : Ippitsusaï Buncho, yégaku.

H. $0^{m}315$. — L. $0^{m}145$. M. de Camondo.

146. L'acteur Iwaï Hanshiro, figurant une femme qui se promène sous son ombrelle.

Signée : Ippitsusaï Buncho, yégaku.

H. $0^{m}280$. — L. $0^{m}135$. M. Jean Lebel.

147. L'acteur Iwaï Hanshiro figurant Osugi, qui porte, dans un vase en forme de seau, un bouquet de fleurs d'automne, rôle qu'il joua au Théâtre Nakamuraza, la 8e année de Meiwa : 1771 (date manuscrite).

Signée : Ippitsusaï Buncho, yégaku.

Pl. 40. — H. $0^{m}310$. — L. $0^{m}145$. M. Mutiaux.

148. Une jeune femme, figurée par l'acteur Nakamura Kiyosaburo, voyageant par un jour neigeux. Elle est vêtue d'un « kappa » blanc et porte une large ombrelle.

Signée : Ippitsusaï Buncho.

Publiée par Nishimura.

Pl. 43. — H. $0^{m}315$. — L. $0^{m}145$. M. Manzi.

149. L'acteur Nakamura Kiyosaburo, dans le rôle de la courtisane Katakai (de la Miuraya). Elle est debout devant sa maison, dont la porte est à demi fermée par un store vert.

Scène d'un drame joué au théâtre Ichimuraza. Date manuscrite : 7e de Meiwa : 1770.

Signée : Ippitsusaï Buncho, yégaku.

H. $0^{m}290$. — L. $0^{m}130$. M. Jacquin.

150. L'acteur Ichikawa Yaozo figurant un otokadaté. C'est la nuit. Un saule et des fleurs de chrysanthèmes se détachent sur le fond noir.

Signée : Ippitsusaï Buncho.

H. $0^{m}310$. — L. $0^{m}150$. M. de Camondo.

151. Diptyque.

L'acteur Ichikawa Yaozo, représentant un guerrier qui saisit l'extrémité de la ceinture de son interlocutrice, une femme figurée par l'acteur Yamoshita Kinsaku.

Signée : Ippitsusaï Buncho, yégaku.

H. 0^m310. — L. 0^m140. M. Javal.

152. L'acteur Ichikawa Benzo figurant un jeune homme. Scène nocturne. Une lanterne est accrochée parmi des branches de cerisier fleuri.

Signée : Ippitsusaï Buncho, yégaku.

Pl. 43. — H. 0^m300. — L. 0^m135. M. Kœchlin.

153. L'acteur Ségawa Kikunojo dans le rôle de la jeune Matsukazé qui tient l'eboshi et le kariginu (coiffure et vêtement de cour), que lui a laissés en souvenir son amant, le noble Chunagon Yukihira.

Signée : Ippitsusaï Buncho, yégaku.

H. 0^m290. — L. 0^m145. M. Fleury.

154. L'acteur Ségawa Kikunojo dans le rôle de la Sagi musumé (la femme héron, toute de blanc vêtue).

Signée : Ippitsusaï Buncho, yégaku.

Pl. 41 (en couleurs). — H. 0^m300. — L. 0^m145. M. Rouart.

155. L'acteur Ichimura Uzayémon dans le rôle de Kwanshojo. Il mord une branche de prunier fleuri qu'il tient à la main. Dans le ciel, un nuage noir d'où la foudre jaillit.

Signée : Ippitsusaï Buncho, yégaku.

H. 0^m305. — L. 0^m140. M. Vever.

156. L'acteur Yamashita Kinsaku dans le rôle de Akoya, portant un koto.

Date manuscrite : 8e année de Meiwa (1771).

Signée : Ippitsusaï Buncho, yégaku.

H. 0^m315. — L. 0^m145. M. Vever.

157. Acteur représentant une femme vêtue en homme et portant un sabre.

Signée : Ippitsusaï Buncho, yégaku.

Pl. 40. — H. 0^m300. — L. 0^m140. M. Mutiaux.

158. Acteur figurant la Sagi musumé. Elle est vêtue d'une robe blanche gaufrée. Derrière elle, la porte d'un jardin et une touffe de hauts bambous, couverts de neige.

Signée : Ippitsusaï Buncho, yégaku.

Pl. 40. — H. 0^m320. — L. 0^m150. M. Mutiaux.

159. Acteur figurant la Fuji musumé (la jeune fille aux glycines).

Signée : Ippitsusaï Buncho, yégaku.

H. 0^m310. — L. 0^m145. M. Vever.

PORTRAITS DE COURTISANES

160. Onami et Omitsu, deux danseuses sacrées du temple shintoïste de Tenjin, à Yushima (Yédo).

Ces deux jeunes filles, fameuses pour leur beauté, tentèrent souvent le pinceau de Harunobu et d'autres artistes de l'époque.

Signée : Ippitsusaï Buncho, yégaku.

H. 0^m300. — L. 0^m130. M. Vever.

161. La jeune et jolie tenancière de la chamise (maison de thé) Ichimonjiya, jouant avec un petit chien.

Signée : Ippitsusaï Buncho, yégaku.

Pl. 42 (en couleurs). — H. 0^m300. — L. 0^m140. M. Rouart.

162. La courtisane Handayu sortant de sa maison. Elle est arrêtée auprès d'une lanterne posée à terre et semble méditer.

Signée : Ippitsusaï Buncho.

De la série Ohatsu-Tokubei Sugata Hakkei (huit scènes de la pièce Ohatsu Tokubei).

H. 0^m300. — L. 0^m150. M. Rouart.

163. Omasa, la célèbre beauté de Yeirukuya (une des maisons de thé de Gion, Kyoto), allumant une lanterne de jardin.

Signée : Ippitsusaï Buncho, yégaku.

H. 0^m300. — L. 0^m145. M. Vever.

164. La courtisane Katsuyama (de la Kazusaya) et sa kamuro jouant au volant devant la maison Tomoyeya.

Signée : Ippitsusaï Buncho, yégaku.

H. 0^m320. — L. 0^m150. M. Le Veel.

165. Sortant de derrière un paravent, une courtisane, vêtue de blanc, regarde son petit chien.

Signée : Ippitsusaï Buncho, yégaku.

H. 0^m285. — L. 0^m145. M. Jacquin.

166. Une jeune femme qu'un bateau vient d'amener à la rive, se promène le long de la Sumida.

Signée : Ippitsusaï Buncho.

H. 0^m305. — L. 0^m145. M. Vever.

167. Une courtisane regardant des hortensias qui ont été arrangés dans un vase suspendu, en forme de bateau.

Signée : Ippitsusaï, yégaku.

H. 0^m305. — L. 0^m140. M. Vignier.

168. Scène du Yoshiwara. Des gens regardent de la rue, à travers les barreaux de la fenêtre, une courtisane qui écrit une lettre d'amour.

Signée : Buncho, yégaku.

Pl. 44. — H. 0^m315. — 0^m140. Mme Langweil.

169. Une courtisane a arrangé des fleurs dans un vase en vannerie dont elle va orner le Tokonoma

Signée : Ippitsusaï.

Pl. 43. — H. 0^m310. — L. 0^m140. M. Vignier.

170. Chuban.

La courtisane Ohatsu, à travers les barreaux de la maison, tend une lettre à son amant Tokubei.

De la même série, en un format différent, que l'estampe n° 162.

Signée : Ippitsusaï Buncho.

Pl. 44. — H. 0^m260. — L. 0^m190. M. Du Pré de St-Maur.

171. Chuban.

Un acteur assis sur un siège, devant un yemado (galerie de peintures d'un temple shintoïste). Il regarde un portrait de

Danjuro I. Derrière lui un serviteur portant un paquet. Dans le fond, une rivière fleurie d'iris.

Signée : Ippitsusaï Buncho.

H. 0m280. — L. 0m215. Mme Langweil.

172. Chuban.

Les acteurs Ichikawa Komazo et Arashi Hikokichi figurant deux otokodaté. Le premier tient un masque de singe d'une main et de l'autre tire son sabre. L'autre, assis à terre, tient un écran.

Signée : Ippitsusaï Buncho.

Pl. 44. — H. 0m280. — L. 0m205. Mme Langweil.

173. Chuban.

Deux amoureux naviguent en mer sur le dos d'une langouste. La jeune femme tient une lettre dont un poulpe lit le début. Allusion bouffonne à la scène de l'espion des 47 Ronin.

Signée : Ippitsusaï Buncho, yégaku.

Pl. 44. — H. 0m250. — L. 0m190. M. Rouart.

174. Chuban.

Une geisha qui aide son ami à remettre son haori (manteau). De la série Geikasen. (Poètes représentés par des geisha).

Signée : Ippitsusaï Buncho. yégaku.

H. 0m250. — L. 0m185. M. Houdard.

UTAGAWA TOYOHARU

175. Oban de très grand format.

Jeune fille écrivant une lettre, tandis que la regardent une de ses compagnes et un jeune homme.

De la série Kin-ki-sho-gwa. (Musique, jeu de gô, écriture, peinture).

Signée : Utagawa Toyoharu, yégaku.

Publiée par Mitsu-uroku.

H. 0m460. — L. 0m395. M. Vever.

176. Oban de très grand format.

La jeune peintresse a achevé le portrait d'une femme Komuso; son pinceau dans la main, l'artiste, assise à terre, auprès d'une amie qui fume sa pipe, contemple son œuvre que montre une autre jeune femme.

Même série que ci-dessus.

Signée : Utagawa Toyoharu.

Pl. 45. — H. 0m485. — L. 0m360. M. Vever.

177. Oban yokoyé.

Watonaï, sur un tigre, et sa mère, arrivant au palais de Taiwan (Formose).

De la série Ukiyé Ikoku no Keiseki (Vues de pays étrangers en perspective).

Signée : Utagawa Toyoharu.

Publiée par Nishimuraya Yeijudo.

H. 0m245. — L. 0m373. M. Javal.

178. Oban de très grand format.

Le bateau des sept dieux du bonheur (Shichifukujin) arrivant dans la baie de Yédo.

Signée : Utagawa Toyoharu.

Publiée par Iwatoya Gempachi.

Pl. 46. — H. 0m365. — L. 0m505. M. Vever.

179. Oban yokoyé.

Scène de crépuscule. Le canal de Tsukiji à Yédo. Des bateaux ornés de lanternes circulent dans l'étroit canal enserré dans des murs de pierre sur lesquels des maisons s'élèvent.

H. 0m265. — L. 0m390. M. Bing.

180. Oban yokoyé.

Vue de la porte principale (San-mon) du temple de Asakusa. Non signée.

H. 0m295. — L. 0m405. M. Javal.

181. Oban yokoyé.

Une danse de Nô. Vue de la scène et des spectateurs.

De la série Ukiyé no Kyogen no zu. (Scène de Nô en perspective).

Signée : Utagawa Toyoharu, yégaku.

Publiée par Nishimuraya Yeijudo.

H. 0m245. — L. 0m360. M. Koechlin.

182. Oban yokoyé.

L'intérieur d'un théâtre au moment du spectacle.

H. 0m260. — L. 0m385. M. Salomon.

183. Oban yokoyé.

Vue des ruines de Rome.

Pl. 46. — H. 0m240. — L. 0m360. M. Bing.

KITAO SHIGEMASA

184. Hashirakaké.

Taïra no Atsumori sur le dos de son cheval qui nage dans la mer à Ichinotani.

Signée : Kitao Shigémasa.

H. 0m680. — L. 0m125. M. Javal.

185. Hosoyé.

Une jeune femme et un petit garçon représentant le prêtre Karakuya Doshin et Ishidomaru.

On voit une rivière que traverse un pont.

De la série des six Tamagawa. La présente estampe représente Koya no Tamagawa.

Signée : Kitao Shigémasa, yégaku.

Publiée par Miki.

H. 0m305. — L. 0m135. M. Vever.

186. Hosoyé.

Jeune samuraï à cheval, qu'un serviteur accompagne.

Cette estampe représente Hagi no Tamagawa.

Même série que ci-dessus.

Signée : Kitao Shigémasa, yégaku.

Publiée par Miki.

H. 0^m285. — L. 0^m140. M. Vever.

187. Hosoyé.

Jeune femme et fillette se promenant sur le bord de la rivière à Chiduri no Tamagawa.

Même série que ci-dessus.

Signée : Kitao Shigémasa, yégaku.

Publiée par Miki.

H. 0^m305. — L. 0^m135. M. Vever.

188. Hosoyé.

L'acteur Ichimura Uzayémon dans le rôle d'Uméno Yoshibei et l'acteur Sawamura Kijuro figurant Hanarégoma no Chokichi.

Signée : Kitao Shigémasa, yégaku.

Publiée par Yamaki.

H. 0^m305. — L. 0^m135. M. Javal.

189. Hosoyé.

L'acteur Matsusuké figurant une femme debout devant un saule.

Signée : Kitao Shigémasa, yégaku.

Publiée par Uyémura.

Pl. 47. — H. 0^m270. — L. 0^m125. M. Bouasse-Lebel.

190. Grand hosoyé.

L'acteur Bando Shinsui dans le rôle de Kudo Kanaïshimaru.

Signée : Kitao Shigémasa, yégaku.

Publiée par Yenjudo.

H. 0^m390. — L. 0^m165. Mme Gillot.

191. Oban yokoyé.

Scène dans le jardin des pruniers (Uméyaskiki) de Kameido à Yédo. Dessin dans le style Ukiyé, c'est-à-dire où il est tenu compte de la perspective.

Signée : Kitao Shigémasa, yégaku.

Publiée par Yeijudo Nishimuraya.

H. 0^m435. — L. 0^m350. M. Rouart.

192. Oban.

Deux geisha s'apprêtant à déchiffrer un air nouveau.

Non signée.

Pl. 48. — H. 0^m380. — L. 0^m255. M. Javal.

193. Oban.

Deux geisha parlent de leurs petites affaires. L'une est en costume de ville, et l'autre, en vêtement de nuit, s'apprête à se mettre au lit.

Non signée.

H. 0^m370. — L. 0^m255. M. Le Vehl.

194. Chuban.

Quatre jeunes garçons chinois faisant se battre des coqs.

Signée : Kitao Shigémasa, yégaku.

H. 0^m240. — L. 0^m185. M. Bing.

195. Chuban.

Une grue dans un torrent dont les bords sont fleuris de pivoines.

Signée : Kitao Shigémasa, yégaku.

H. 0^m240. — L. 0^m180. M. Bing.

196. Chuban.

Un chat jouant avec une carafe dans laquelle sont des cyprins et des œillets.

Signée : Kitao Shigémasa, yégaku.

H. 0^m280. — L. 0^m205. M. Bing.

197. Chuban.

Perchés sur une barrière, un coq et sa poule.

Signée : Kitao Shigémasa, yégaku.

Pl. 47. — H. 0^m240. — L. 0^m185. M. Bing.

198. Chuban.

Une jeune mère et ses deux enfants jouant avec une miniature de carrosse fait sur le modèle de ceux qui sont usités dans les fêtes du temple Shintoïste Kanda.

Signée : Kitao Shigémasa, yégaku.

H. 0^m245. — L. 0^m190. M. Bing.

199. Chuban yokoyé de grand format.

Deux écuyers d'Osaka, Kimura Masahachi et Murakami Kimpachi travaillent à Yédo dans le style des jockeys de Kamo à Kyoto.

Signée : Kitao Shigémasa, yégaku.

Pl. 47. — H. 0^m225. — L. 0^m325. M. Kœchlin.

KITAO MASANOBU

200. Hashirakaké.

Un jeune et élégant marchand de macaroni (soba), devant une Yashiki (grande maison). D'une fenêtre deux jeunes filles le regardent.

Signée : Masanobu, yégaku.

Publiée par Senichi.

Pl. 48. — H. 0^m685. — L. 0^m115. M. Vever.

201. Diptyque hosoyé.

Dans une chaya, une servante apporte du thé à un homme assis. D'autres consommateurs s'en vont.

De la série : Medeta Hiakushu (cent poèmes comiques). La présente estampe illustre le mois d'août (septembre selon le calendrier actuel).

Signée : Masanobu, yégaku.

H. 0^m315. — L. 0^m290. Mme Gillot.

202. Oban d'un format exceptionnellement grand.

Scènes du mois de mai. Au bord d'un lac, admirant les iris, un homme, trois jeunes femmes et un garçonnet.

Signée : Masanobu, yégaku.

Pl. 49. — H. 0^m375. — L. 0^m540. M. Vever.

203. Chuban.

Deux jeunes femmes et un petit garçon, rentrant à la maison, après une promenade sur le bord de la Sumida.

De la série Sumidagawa Hakkei. Huit vues de la Sumida.

Signée : Kitao Masanobu.

H. 0m255. — L. 0m190. M. Vever.

204. Chuban.

Deux jeunes femmes se promenant dans un sentier auprès d'un lac.

De la série : Tosei Yenshi Jukkei. (Dix types de jolies femmes d'aujourd'hui).

Signée : Masanobu, yégaku.

H. 0m245 — L. 0m185. M. Koechlin.

205. Chuban.

A Yabashi, deux jeunes femmes s'embarquent pour une promenade sur le lac Biwa.

De la série : Furyu Omi Hakkei : Huit vues élégantes d'Omi.

Non signée.

Pl. 50. — H. 0m260. — L. 0m190. M. Koechlin.

KITAO KEISAÏ MASAYOSHI

206. Hashirakaké.

Persée et Andromède. La belle Inada-himé avait été contrainte de s'offrir en holocauste au dragon à huit têtes Yamata-no-orochi. Le monstre allait dévorer sa victime, quand survint le prince Sosano-o qui le massacra. Un mariage s'ensuivit.

Signée : Kitao Masayoshi, yégaku.

H. 0m645. — L. 0m115. M. Odin.

207. Hashirakaké.

Musashibo Benkei défiant, sur le pont Gojo, Minamoto no Ushiwakamaru.

Signée : Kitao Masayoshi, yégaku.

H. 0m630. — L. 0m110. M. Javal.

208. Hashirakaké.

Pour attraper la lune, qui se mire dans l'eau au-dessous d'eux, des singes descendent du haut d'un pin, chacun d'eux s'accrochant au précédent, d'un bras démesuré.

Sujet fréquemment traité par les peintres japonais de l'école de Kano.

Signée : Kitao Masayoshi, fudé.

Publiée par Takiya.

Pl. 48. — H. 0m650. — L. 0m110. M. Bing.

209. Hashirakaké.

Noto no Kami Noritsuné le poursuivant, Minomoto no Yoshitsuné saute d'un bateau à un autre. Épisode de la bataille de Dan-no-ura connu sous le nom de Yoshitsuné Hasso Tobi (Yoshitsuné sautant huit bateaux).

Signée : Kitao Masayoshi, yégaku.

H. 0m635. — L. 0m120. M. Odin.

210. Oban.

Trois élégantes jeunes femmes se divertissant. L'une assise sur un coussin fume sa pipette. Une autre debout la regarde. La troisième agace un chat avec une cordelière.

De la série Tosei Bijin Iro Kurabé. (Concours de beautés de l'époque actuelle). Avec le sous-titre qui s'applique à la présente estampe : Sanka no Hana. (Fleurs du pied de la montagne).

H. 0m370. — L. 0m255. M. Vever.

211. Oban.

Causerie de deux jeunes et élégantes geisha.

De la série Tobo no Bijin no Zu. (Beautés de l'Est).

Non signée.

H. 0m370. — L. 0m255. M. Le Veel.

212. Oban yokoyé.

Scène du drame des 47 Ronin (Chushingura).

Signée (dans le marge) : Kitao Masayoshi.

Publiée par Tsuruya.

H. 0m295. — L. 0m405. M. Manzi.

213. Oban (probablement une page de livre).

Un Hiyodori (bulbul brun) perché sur une branche de cerisier en fleur.

Signée : Keisaï, utsusu.

H. 0m235. — L. 0m365. M. Odin.

214. Chuban.

Partie champêtre. Un jeune homme soulevant son amie pour lui faire atteindre à la branche d'un saule. Une autre jeune femme est assise sur un banc.

Signée : Masayoshi, yégaku.

Publiée par Tsutaya.

Pl. 50. — H. 0m255. — L. 0m190. M. Vever.

KATSUKAWA SHUNCHO

215. Hashirakaké.

Sous le ciel nocturne une jeune femme, au bord de la Sumida, attend le bateau.

Signée : Shuncho, yégaku.

Publiée par Senichi.

Pl. 54. — H. 0m645. — L. 0m115. M. Metman.

216. Hashirakaké.

Au bord de la rivière, une jolie jeune femme lave son linge, en le foulant avec les pieds. Et c'est alors que Kumé no Sennin, qui volait dans le ciel, séduit par la grâce de cette lavandière, voulut la contempler de trop près. Cet atterrissage lui coûta son pouvoir de lévitation.

Signée : Shuncho, yégaku.

Pl. 50. — H. 0m685. — L. 0m120. M. Javal.

217. Hashirakaké.

Jeune samuraï sous un saule.

Signée : Shuncho, yégaku.

Pl. 50. — H. 0m620. — L. 0m115. M. Javal.

218. Hashirakaké.

Deux jeunes femmes cueillent des simples un jour de printemps.

Signée : Shuncho, yégaku.

H. $0^{m}645$. — L. $0^{m}110$. M. Vever.

219. Hashirakaké.

Jeune femme entrant dans la salle de bain, son peignoir sur le bras.

Signée : Shuncho.

Publiée par Yamaïchi.

H. $0^{m}615$. — L. $0^{m}125$. M. Vever.

220. Hashirakaké.

Même estampe que ci-dessus, avec une coloration différente. Ici le kimono est rouge sombre, le peignoir gris bleu, l'obi rouge clair. Dans la précédente le kimono est vert pâle, le peignoir gris, l'obi blanc.

H. $0^{m}610$. — L. $0^{m}110$. M. Vever.

221. Hashirakaké.

Courtisane sortant de sa maison pour une promenade.

Signée : Shuncho, yégaku.

Marque d'éditeur non identifiée.

H. $0^{m}690$. — L. $0^{m}120$. M. Vignier.

222. Hashirakaké.

Jeune femme debout sur un escabeau déposant deux bouteilles de saké divin (omiki) sur l'autel domestique. Son petit garçon la tire par sa jupe.

Signée : Shuncho, yégaku.

H. $0^{m}675$. — L. $0^{m}120$. M. Rivière.

223. Hashirakaké.

Dans le couloir de sa maison une jeune femme debout, tenant sa pipette et un écran.

Au premier plan, un bassin fleuri d'iris. Fond de paysage.

Signée : Shuncho, yégaku.

Publiée par Senichi.

H. $0^{m}680$. — $0^{m}110$. M. Smet.

224. Hashirakaké.

Un marchand de poisson est accroupi près d'un banc sur lequel il débite un thon. Debout à côté de lui, un plat à la main une jeune femme attend que l'opération soit terminée.

Signée : Shuncho, yégaku.

Publiée par Iwataya.

H. $0^{m}620$. — L. $0^{m}110$. M. Portier.

225. Hashirakaké.

Jeune femme portant une boîte contenant des assiettes en bleu et blanc de Chine. Dissimulé derrière la porte à glissière, un galant farceur la tire par le bas de sa jupe.

Signée : Shuncho, yégaku.

H. $0^{m}640$. — L. $0^{m}105$. M. Portier.

226. Oban.

Trois jeunes femmes prenant le frais sur le pont de Ryogoku, un soir de pleine lune.

De la série Ukiyo Setsugekka (neige, lune, fleurs).

Signée : Shuncho, yégaku.

Publiée par Iwato.

H. $0^{m}365$. — L. $0^{m}245$. M. Vever.

227. Oban.

Vêtus en costumes légers, deux jeunes hommes se reposent dans une chamise. Une jeune servante va leur servir le thé.

Signée : Shuncho, yégaku.

Pl. 51. — H. $0^{m}385$. — L. $0^{m}255$. M. Vever.

228. Oban.

Trois jeunes femmes et un petit garçon prenant le frais, par un soir d'été, sur le bord d'une rivière.

Signée : Shuncho, yégaku.

Publiée par Yeijudo.

Pl. 52 (en couleurs). H. $0^{m}370$. — L. $0^{m}245$. M. Marteau.

229. Oban.

Deux geisha se promènent, accompagnées par un serviteur. Une femme les regarde.

Signée : Shuncho, yégaku.

Publiée par Yeijudo.

H. $0^{m}370$. — L. $0^{m}245$. M. Bullier.

230. Oban.

Trois jeunes femmes et un bambin allant acheter des insectes dans une échoppe au bord du lac Shinobazu, à Uyéno, Yédo.

Signée : Yushido Shuncho, yégaku.

Publiée par Fushizen.

H. $0^{m}380$. — L. $0^{m}255$. M. Javal.

231. Oban.

Le plus fort et la plus belle. Les portraits de Naniwaya Okita, la plus jolie femme de l'époque, et de son contemporain Tanikazé, le champion de lutte.

Signée : Shuncho, yégaku.

Publiée par Tsuruya.

Pl. 51. — H. $0^{m}390$. — L. $0^{m}255$. M. Jacquin.

232. Oban.

En légers kimono, deux dames et un enfant se promènent sur le bord de la Sumida, par un soir d'été.

Signé : Shuncho, yégaku.

Publiée par Yeijudo.

H. $0^{m}380$. — L. $0^{m}255$. Mme Raoul Duval.

233. Oban.

Scène de théâtre. L'acteur Ségava Kikunojo tient le bout de la ceinture d'une femme, que figure l'acteur Sawamura Sojuro.

Signée : Shuncho, yégaku.

H. $0^{m}355$. — L. $0^{m}235$. M. Fleury.

234. Oban.

Portraits d'une fameuse beauté de l'époque Takashima Ohisa et de l'acteur Ségawa Tomisaburo.

Signée : Shuncho, yégaku.

H. $0^{m}380$. — L. $0^{m}250$. M. Bing.

235. Oban.

La courtisane Kiségawa, qu'accompagnent deux shinzo, Takéno et Sasano et deux kamuro.

Signée : Yushido Shuncho.

Publiée par Tsutaya.

H. 0m385. — L. 0m255. M. Le Veel.

236. Triptyque.

Dans un intérieur, des jeunes femmes se divertissent le jour de la fête des chrysanthèmes (Kiku no sekku), le 9 septembre.

Un paysage se voit dans le fond.

De la série Gosekku Shu (cinq jours de fête).

Signée : Shuncho, yégaku.

Publiée par Senichi.

H. 0m385. — L. 0m760. M. Vever.

237. Triptyque.

Scène de « miaï ». C'est une fête au cours de laquelle des jeunes hommes et des jeunes filles font connaissance, en vue de mariages futurs. Au premier plan, divers groupes jouant, flirtant, poursuivant des papillons. Au fond, un paysage de rizières où circulent une foule de personnages.

Signée : Shuncho, yégaku.

Publiée par Senichi.

H. 0m380. — L. 0m750. M. Vever.

238. Triptyque.

Des jeunes femmes folâtrant et ramassant de jeunes plantes printanières dans la cour du temple de Funadama Junisha. Au premier plan un tronc de cerisier. A droite le toriï du temple. Au fond un étang.

Signée : Shuncho, yégaku.

Publiée par Fushimiya.

H. 0m350. — L. 0m735. M. Vever.

239. Triptyque.

Des jeunes femmes debarquant sur la rive de la Sumida.

Signée : Shuncho, yégaku.

Publiée par Tsuruya.

H. 0m375. — L. 0m750. M. Vever.

240. Triptyque.

Pique-nique de jeunes femmes dans une prairie, un jour d'automne.

Signée : Shuncho, yégaku.

Publiée par Wakasaya.

Pl. 53. — H. 0m365. — L. 0m710. M. Le Veel.

241. Triptyque.

Scène de Yoshiwara un jour de nouvel an. Devant une maison décorée de branches de sapins se voient de gauche à droite :

La courtisane Hinazuru (de la Chojiya) avec ses kamuro Kocho et Tsuruji. La courtisane Ségawa (de la Matsubaya) avec ses kamuro Inaji et Yukari. La courtisane Katachina (de l'Ogiya) avec ses kamuro Wakana et Kochu.

Estampes tirées dans une gamme atténuée de gris, de verts et de violets.

Signée : Shuncho, yégaku.

Publiée par Senichi.

H. 0m340. — L. 0m745. M. Bullier.

242 et 242 *bis*. Deux planches d'un triptyque.

Du quai d'un restaurant des jeunes femmes vont s'embarquer pour un tour sur la Sumida. C'est un soir d'été.

Signée : Shuncho, yégaku.

Publiée par Shuyeido.

Pl. 55. — H. 0m370. — L. 0m495. M. de Camondo.

243. Diptyque.

Sept jeunes femmes occupées au « Mushiboshi », opération qui consiste, au début de l'automne, à sécher le linge, les livres, et tout ce qui est sujet aux piqûres de vers.

Signée : Shuncho, yégaku.

Publiée par Iséji.

H. 0m310. — L. 0m415. M. Maroni.

244. Chuban.

Faucon liant un héron. Estampe tirée en gris et jaune.

Signée : Shuncho, utsusu.

Publiée par Tsuruya.

Pl. 54. — H. 0m255. — L. 0m175. Mme Léry.

245. Chuban.

Un jeune homme couché dans son lit, sous la moustiquaire, cause avec son amie, cependant que de la porte une jalouse les observe. Allusion à un poème de Katsubé no Magao, sur l'amour en été.

Signée : Shuncho, yégaku.

Publié par Tsutaya.

H. 0m255. — L. 0m190. M. Jacquin.

246. Chuban.

Une courtisane adornant d'une feuille d'iris la coiffure de sa kamuro, le 5 mai, cependant qu'une shinzo les regarde.

C'est une croyance populaire au Japon, qu'on évitera toute migraine durant l'année, si l'on s'entoure la tête d'une feuille d'iris, le 5 mai.

Estampe, tirée en gris sur fond jaune.

Signée : Shuncho, yégaku.

H. 0m265. — L. 0m190. M. Fleury.

247. Chuban.

Au jour tombant, à l'heure que se lève la lune, deux geisha s'embarquent près du pont de Ryogoku, pour traverser la Sumida.

Signée : Shuncho, yégaku.

H. 0m260. — L. 0m190. M. Javal.

248. Chuban.

A Nakazu, une jeune femme pêche, tout en causant avec son amie, qui est derrière elle.

De la série Yédo Hakkei (8 vues de Yédo).

Signée : Yushido Shuncho, yégaku.

Pl. 54. — H. 0m260. — L. 0m195. M. Le Veel.

TOSHUSAÏ SHARAKU

Notre exposition montrait (sans compter les pièces en double ou en triple, figurant comme variantes de tirage), 105 estampes différentes de Sharaku.

Peu de temps avant que le Musée des Arts Décoratifs n'ouvrît cette exposition, paraissait un ouvrage de M. Kurth, consacré à Sharaku. Il n'est pas sans intérêt de dénombrer ce que possèdent les collections allemandes (car nous ne mettons pas en doute que M. Kurth, qui est considéré en Allemagne comme un expert en matière d'estampes japonaises, ne connaisse pièce par pièce tous les Sharaku d'outre-Rhin), relativement au contenu des collections parisiennes. Et voici la nomenclature comparée des pièces figurant à notre exposition, et qui sont toutes reproduites dans ce catalogue, et des pièces décrites par M. Kurth :

	Arts Décoratifs.	Ouvrage de M. Kurth.
Chuban	1	0
Oban de lutteurs	4	1
Oban en petit format à fond jaune	9	3
Oban à fond micacé, portrait en pied	1	0
Oban à fond d'argent, portraits en buste	23	23
Oban à fond d'argent, doubles portraits en buste	4	3
Oban à fond réservé, figures en pied	2	0
Hosoyé	54	26
Oban à fond micacé, scènes à deux personnages en pied	7	3
	105	59

Ces chiffres ne donnent pas une image exacte de la réalité. Car, tandis que les 105 Sharaku que nous reproduisons existent réellement dans les collections parisiennes, il faut tenir compte que, sur les 59 pièces que décrit M. Kurth, cinq sont extraites du catalogue Barboutau, et quatre sont dites provenir de collections japonaises. Resteraient donc pour les collections allemandes 50 pièces. De plus, M. Kurth nous montre pl. 13 une estampe — appartenant à la Kunsthalle de Brême — qui a évidemment bien des mérites, sauf celui d'être de Sharaku. Cette estampe, si elle n'était pas signée, tout amateur, fût-il novice, l'attribuerait à quelque Kiyomitsu ou à tel Kiyotsuné. Mais elle est signée : *Sharaku, yégaku* : Remarquons d'abord que, seule parmi tous les Sharaku connus, cette estampe ne porte, avec la signature de l'artiste, ni la marque de Tsutaya, le sommet du Fuji surmontant une feuille de vigne, ni le cachet de garantie (Kiwamé). De plus, et excusons-nous auprès de nos lecteurs d'être obligé de remonter au rudiment, il est un fait bien connu, c'est que les imagiers japonais se sont toujours appliqués à placer leur signature dans les parties vides de l'estampe, avec un goût très sûr. Et parmi tous ses confrères, Sharaku est peut-être celui qui a le plus raffiné sur le choix du lieu de sa signature. Or, dans l'estampe en question, il est évident, il est criant que la signature, que coupe inélégamment en deux un pli du terrain, a été apposée après coup, avec une balourdise notable, par un « marchand de lanternes » comme dirait un Japonais. De sorte que, ce qui démontrerait — s'il en était besoin — que cette estampe n'est pas de Sharaku, c'est précisément qu'elle est signée de ce nom.

En défalquant donc ce faux, nous arrivons aux chiffres définitifs que voici : M. Kurth a trouvé dans les collections allemandes 49 Sharaku alors que nous en montrons 105.

Examinons maintenant ces chiffres au point de vue de déterminer combien d'estampes de Sharaku nous sont maintenant connues, tant par le catalogue de notre exposition que par celui de M. Kurth. Si l'on se reporte au tableau ci-dessus nous voyons que dans les séries d'oban nous possédons toutes les estampes décrites par l'expert allemand — et que nous en possédons qu'il ignore. Par contre, dans les hosoyé, M. Kurth sur les 25 qu'il reproduit (le faux étant déduit) en donne 12 que nous ne possédons pas, alors que nous en montrons 25 qui lui sont inconnues. Le nombre des estampes décrites de Sharaku s'élève donc à 105 + 12, soit 117. Ce total prétend-il à s'égaler à la production complète de Sharaku? Ayons la modestie, ayons le courage, ayons le savoir d'affirmer que non. Il est presque certain que la série des oban à fond jaune doit compter 12 pièces dont nous ne possédons que 9, qu'il doit exister 24 oban sur fond d'argent (portraits en buste), dont nous ne montrons que 23. Et sans doute 6 oban à fond d'argent (doubles portraits en buste), dont 4 seulement figurent dans nos collections. Quant aux hosoyé, c'est une certitude qu'il nous manque d'en connaître une vingtaine au moins[1]. Et les chuban, dont l'unique exemplaire que nous reproduisons, n'est vraisemblablement pas le seul existant dans ce format. Bref, nous pouvons admettre que l'œuvre totale de Sharaku se compose d'environ 150 pièces, dont 117 seulement sont venues jusqu'à nous. Le catalogue de Sharaku est donc à faire. Ni M. Kurth, qui l'a esquissé très sommairement, ni l'exposition des Arts Décoratifs que nous déclarons incomplète, encore qu'elle présentât le plus fort ensemble qui ait été vu jusqu'à ce jour, n'épuisent le sujet. Il y a matière à un travail futur — que d'ici deux ou trois ans, en sollicitant dès maintenant le concours de tous les collectionneurs, nous espérons pouvoir accomplir. Il importera, dans cette œuvre, d'élucider complètement la question des faux. Bornons-nous maintenant à indiquer que les retirages et les réimpressions n'existent que dans la série des portraits en buste à fond d'argent — du moins jusqu'à aujourd'hui. Quant à la supercherie, plus bénigne, dont le musée de Brême et après lui M. Kurth furent victimes, elle est assez fréquente. Elle consiste à prendre un portrait d'acteur hosoyé, non signé, et à y apposer, avec un cachet, la signature de Sharaku. Elle consiste encore à prendre des estampes de format oban de Toyokuni, voire de Kunimasa montrant des portraits d'acteurs en pied, à rogner ces estampes à droite et à gauche, de sorte, que tombe la signature de l'artiste. Et on crée ainsi, en y imprimant la signature de Sharaku, un format nouveau, grand hosoyé, très rare, que l'on peut encore embellir en micaçant le fond.

Vignier.

---

249. Chuban.

Ebisu assis sur un rocher surplombant un cours d'eau. Sa ligne est auprès de lui. Il tient un énorme *taï* qu'il vient de pêcher. A ses pieds, dans une corbeille deux autres taï.

Signée : Sharaku, yégaku.
Publiée par Tsutaya.
Pl. 56. — H. 0m250. — L. 0m175. M. Haviland.
Non reproduit par Kurth.

LUTTEURS

250. Oban à fond jaune.

Portrait du phénomène Owarawayama Bungoro, un jeune apprenti lutteur, né à Nagasemura, district de Murayama, province de Dewa.

1. Trop tard pour figurer dans ce catalogue, il est rentré dans la collection de M. Doucet un hosoyé qui n'a été décrit nulle part.

Cet enfant prodige est âgé de 8 ans. Il mesure environ 4 pieds de hauteur, autant de ceinture. Son poids est de 21 kwan et 500 mommé. On voit cet espiègle jouant à des jeux de son âge. Il brandit une lourde table de go (goban) avec laquelle il se propose d'éteindre une chandelle.

Signée : Sharaku, yégaku.

Publiée par Tsutaya.

Pl. 56. — H. 0^m375. — L. 0^m250. M. Vever.

Reproduite par Kurth, pl. 27.

251. Triptyque oban.

L'estampe centrale montre Owarawayama Bungoro (voir ci-dessus) apparaissant sur le ring (Dohio).

L'estampe de gauche et celle de droite montrent chacune cinq lutteurs qui attendent leur tour de combattre et qui contemplent avec stupeur le jeune et impressionnant phénomène.

Pl. 57. — Dimensions de chaque estampe. H. 0^m365. — L. 0^m250.
M. Haviland.

Triptyque non reproduit par Kurth, non plus qu'aucune des estampes qui le composent. Comme fiche de consolation M. Kurth offre à ses lecteurs, pl. 27, une copie édulcorée de la feuille centrale par Shunzan.

PORTRAITS D'ACTEURS EN BUSTES.

Format oban à fond jaune.

252. L'acteur Omiya Kinsha (Nakayama Tomisaburo) dans un rôle de femme.

Signée : Sharaku, yégaku.

Publiée par Tsutaya.

Pl. 59. — H. 0^m315. — L. 0^m200. M. Vever.

Non reproduite par Kurth.

253. Koraïya Kinsho (Ichikawa Komazo) en otokodaté. Il a les mains cachées dans les manches de son kimono, en l'attitude de défi, mais ici plus vulgaire, plus apache, qu'on retrouvera n° 276.

Signée : Sharaku, yégaku.

Publiée par Tsutaya.

Pl. 61. — H. 0^m320. — L. 0^m220. M. Doucet.

Non reproduite par Kurth.

254. L'acteur Tachibanaya Chusha (Ichikawa Yaozo) dans un rôle de daimyo. Il tient à la main un éventail.

Signée : Sharaku, yégaku.

Publiée par Tsutaya.

Pl. 60. — H. 0^m315. — L. 0^m210. M. Rouart.

Non reproduite par Kurth.

255. Naritaya Sansho (Ichikawa Danjuro) dans un rôle de samuraï. Il tient dans la main un éventail fermé.

Signée : Sharaku, yégaku.

Publiée par Tsutaya.

Pl. 62. — H. 0^m310. L. 0^m215. M. Jacquin.

Reproduite par Kurth, pl. 24.

256. L'acteur Yamashita Kinsaku (Tennojiya Riko) dans un rôle de grasse matrone à l'air colérique (voir n° 318).

Signée : Sharaku, yégaku.

Publiée par Tsutaya,

Pl. 62. — H. 0^m315. — L. 0^m220. M. Vever.

Reproduite par Kurth, pl. 26.

257. L'acteur Sakaiya Shukwaku (Nakamura Gwanzo) dans un rôle d'otokodaté. Il tire son sabre du fourreau.

Signée : Sharaku, yégaku.

Publiée par Tsutaya.

Pl. 58, rep. en couleurs. — H. 0^m305. — L. 0^m215.
M. Du Pré de Saint-Maur.

Non reproduite par Kurth.

258. L'acteur Hamamuraya Roko (Ségawa Kikunojo) dans un rôle de femme.

Signée : Sharaku, yégaku.

Publiée par Tsutaya.

Pl. 60. — H. 0^m315. — L. 0^m210. M. Cosson.

Reproduite par Kurth, pl. 25.

259. L'acteur Yamatoya Zegyo (Bando Mitsugoro) dans un rôle d'otokodaté.

Signée : Sharaku, yégaku.

Publiée par Tsutaya.

Pl. 61. — H. 0^m315. — L. 0^m200. M. Rouart.

Non reproduite par Kurth.

260. L'acteur Kinokuniya Noshi (Sawamura Sojuro) dans le rôle de Sakeroku. Il dégaine.

Signée : Sharaku, yégaku.

Publiée par Tsutaya.

Pl. 59. — H. 0^m320. — L. 0^m220. M. Vever.

Non reproduite par Kurth.

PORTRAITS D'ACTEURS EN BUSTES

Format oban à fond d'argent.

261. L'acteur Otani Oniji figurant Sadakuro dans le drame des 47 Ronin. Son manteau est à rayures rouge brun foncé et ocre, à parements noirs. Kimono rose et vert.

Signée : Toshusaï Sharaku, yégaku.

Publiée par Tsutaya.

H. 0^m365. — L. 0^m245. M. Doucet.

Reproduite par Kurth, pl. 47.

261 *bis*. Même estampe que la précédente, en tirage différent. Il manque ici le bois des bleus du menton et des favoris rasés. Les contours sont en noir au lieu de gris.

Pl. 64. — H. 0^m375. — L. 0^m250. M. de Camondo.

262. L'acteur Otani Tokuji en otokodaté. Il tient son sabre à la main. Kimono violet à parements noirs. Manches doublées de jaune.

Signée : Toshusaï Sharaku, yégaku.

Publiée par Tsutaya.

Pl. 65. — H. 0^m360. — L. 0^m245. M. Rivière.

Reproduite par Kurth, pl. 48.

263. L'acteur Nakayama Tomisaburo dans un rôle de femme. Elle porte un kimono bleu, à parements roses semés de grains blancs. Obi orné de motifs floraux jaunes sur ocre.

A côté de la signature, une note manuscrite donne le nom de l'acteur.

Signée : Toshusaï Sharaku, yégaku.

Publiée par Tsutaya.

Pl. 64. — H. 0m370. L. 0m245. M. Fleury.

Reproduite par Kurth, pl. 54.

263 *bis*. Même estampe que ci-dessus, en tirage différent. Manquent les dessins de l'obi.

H. 0m365. L. 0m225. Mme Langweil.

264. L'acteur Ichikawa Danjuro dans le rôle de Ko no Morono.

L'arcade sourcilière jusqu'aux paupières supérieures porte l'empreinte d'un léger bois de rose. Le kimono est orange, le manteau bleu vert.

Signée : Toshusaï Sharaku.

Publiée par Tsutaya.

Pl. 65. — H. 0m375. — L. 0m250. M. Houdard.

Reproduite par Kurth, pl. 38.

264 *bis*. Même estampe que ci-dessus, avec des variantes de coloration. Ici le kimono est rouge brique, le manteau jaune.

H. 0m360. — L. 0m225. M. Fleury.

265. L'acteur Bando Hikosaburo figurant le chef des Ronin, Yura nosuké (Oishi Yoshio). Il tient une lanterne. Kimono ocre-jaune.

Signée : Toshusaï Sharaku, yégaku.

Publiée par Tsutaya.

H. 0m335. L. 0m235. M. Javal.

Reproduite par Kurth, pl. 36.

265 *bis*. Même estampe que ci-dessus, en un autre tirage.

Pl. 66. — H. 0m365. — L. 0m235. Mme Langweil.

266. L'acteur Bando Mitsugoro représentant un Ronin.

Une note ms., en haut à droite, date l'estampe du mois de septembre de l'année du Tigre (A. D. 1794).

Pas de signature ni de marque d'éditeur.

Pl. 66. — H. 0m355. — L. 0m245. M. Smet.

Cette estampe est celle-là même que reproduit Kurth pl. 37.

266 *bis*. Même estampe que ci-dessus, avec, à droite, la signature Toshusaï Sharaku, la marque et le Kiwamé de Tsutaya.

H. 0m375. — L. 0m240. M. Vever.

267. L'acteur Matsumoto Yonésaburo dans le rôle de la courtisane Okaru. (C'est la fille d'un personnage de l'histoire des Ronin : Yoïchibei, que nous verrons au n° 271.)

La coiffure est ornée d'un peigne d'écaille blonde, transparent. L'obi est noir, décoré d'arabesques en légers gaufrages.

Signée : Toshusaï Sharaku, yégaku.

Publiée par Tsutaya.

Pl. 67. — H. 0m380. — L. 0m250. M. Marteau.

Reproduite par Kurth, pl. 53.

268. L'acteur Morita Kanya figurant un Ronin.

Signée : Toshusaï Sharaku, yégaku.

Publiée par Tsutaya.

H. 0m375. — L. 0m250. M. Doucet.

Reproduite par Kurth, pl. 45.

268 *bis*. Même estampe que ci-dessus, dans une tonalité plus vive.

Pl. 63, rep. en couleurs. — H. 0m365. — L. 0m250.

M. Rouart.

269. L'acteur Iwaï Hanshiro figurant Oishi, l'épouse du chef des Ronin : Yuranosuké.

Elle porte un kimono blanc, décoré d'un semis de papillons roses. Dans ses cheveux un peigne d'écaille blonde, transparent.

Pl. 68. — H. 0m370. — L. 0m240. M. Ducoté.

Reproduite par Kurth, pl. 51.

270. L'acteur Matsumoto Koshiro en otokodaté. Il porte une pipe à ses lèvres.

Signée : Toshusaï Sharaku, yégaku.

Publiée par Tsutaya.

Pl. 67. H. 0m380. — 0m240. M. Ducoté.

Reproduite par Kurth, pl. 44.

271. L'acteur Arashi Ryuzo dans le rôle de Yoïchibei, paysan qui joue un rôle dans l'histoire des Ronin. Il avait pour fille la courtisane Okaru qu'on voit n° 267. Son kimono est à carreaux rouge et olive sur fond ocre jaune.

Signée : Toshusaï Sharaku, yegaku.

Publiée par Tsutaya.

Pl. 68. — H. 0m370. — L. 0m245. M. Doucet.

Reproduite par Kurth, pl. 35.

272. L'acteur Ségawa Tomisaburo représentant Kaoyo-Gozen, la femme de Yenya Hangwan (histoire des Ronin) qui figure lui-même n° 278.

Signée : Toshusaï Sharaku, yégaku.

Publiée par Tsutaya.

Pl. 69. — H. 0m360. — L. 0m245. M. Koechlin.

Reproduite par Kurth, pl. 57.

273. L'acteur Onoyé Matsusuké en Ronin. Il tient dans sa main son éventail fermé, dont il tapote l'extrémité avec l'index.

Sur le visage une teinte rose bistre, avec une impression d'un bistre plus intense autour des yeux, à l'extrémité du menton et sur la lèvre supérieure.

Signée : Toshusaï Sharaku, yégaku.

Publiée par Tsutaya.

Pl. 70. — H. 0m375. — L. 0m235. M. Vever.

Reproduite par Kurth, pl. 46.

273 *bis*. Même estampe que ci-dessus.

H. 0m375. — L. 0m250. M. Fleury.

274. L'acteur Ichikawa Komazo en Ronin. Il a la main sur le pommeau de son sabre.

Signée : Toshusaï Sharaku, yégaku.

Publiée par Tsutaya.

Pl. 69. — H. 0m370. — L. 0m245. M. Fleury.

Reproduite par Kurth, pl. 39.

275. L'acteur Ségawa Kikunojo figurant Konami, qui était la fiancée du fils de Yuranosuké, le chef des Ronin. Elle porte un kimono blanc, décoré d'étoiles de mer.

Signée : Toshusaï Sharaku, yégaku.

Publiée par Tsutaya.

Pl. 71. — H. 0m365. — L. 0m235. M. Koechlin.

Reproduite par Kurth, pl. 56.

276. L'acteur Kumaju Hangoro, dans le rôle d'un Ronin. Il cache les mains sous ses manches et ce geste aussi bien que la contraction de la bouche provoquent et méprisent. Kimono gris-vert à décor de bâtonnets blancs.

Sur le visage, un bois couleur chair (plus ou moins oxydé, selon l'état de l'estampe) laisse en réserve de blanc les yeux et les commissures des lèvres.

Signée : Toshusaï Sharaku, yégaku.
Publiée par Tsutaya.
Pl. 70. — H. $0^{m}375$. — L. $0^{m}250$. M. Doucet.
Reproduite par Kurth. pl 43.

276 *bis*. Même estampe que ci-dessus, en un tirage différent.
H. $0^{m}380$. — L. $0^{m}255$. M. de Camondo.

277. L'acteur Ichikawa Yaozo dans le rôle du Ronin Kayano Kampei.
Signée : Toshusaï Sharaku, yégaku.
Publiée par Tsutaya.
Pl. 72. — H. $0^{m}380$. — L. $0^{m}250$. M. Vever.
Reproduite par Kurth, pl. 42.

278. L'acteur Sawamura Sojuro dans le rôle de Yenya Hangwan, le daïmyo qui fut contraint au suicide après sa querelle avec Ko no Morono, suicide que vengèrent les Ronin. Il tient, grand ouvert, un éventail décoré de deux doubles zones de flots stylisés. (Voir n° 320).
Signée : Toshusaï Sharaku, yégaku.
Publiée par Tsutaya.
Pl. 71. — H. $0^{m}375$. — L. $0^{m}250$. M. Vever.
Reproduite par Kurth, pl. 49.

279. L'acteur Ichikawa Omézo dans le rôle de Sukeroku dégainant (Cf. 260).
Signée : Toshusaï Sharaku, yégaku.
Publiée par Tsutaya.
H. $0^{m}350$. — L. $0^{m}245$. M. Doucet.
Reproduite par Kurth, pl. 41.

279 *bis*. Même estampe que ci-dessus en un tirage différent. Manque un bois de gris aux yeux et aux sourcils.
Pl. 72. — H. $0^{m}375$. — L. $0^{m}250$. M. de Camondo.

280. L'acteur Sanokawa Ichimatsu figurant une geisha.
Signée : Toshusaï Sharaku, yégaku.
Publiée par Tsutaya.
Pl. 73. — H. $0^{m}390$. — L. $0^{m}460$. M. Smet.
Reproduite par Kurth, pl. 55.

281. Tani Mura Torazo dans le rôle de Kakogawa Honzo, un daïmyo qui paraît au début du drame des Ronin. Il porte un kimono saumon.
Signée : Toshusaï Sharaku, yégaku.
Publiée par Tsutaya.
Pl. 73. — H. $0^{m}365$. — L. $0^{m}245$. M. Vever.
Reproduite par Kurth, pl. 50.

281 *bis*. Même estampe que ci-dessus, en un tirage différent. Le kimono est ici vert. Il manque un bois de gris dans les yeux.
H. $0^{m}370$. — L. $0^{m}245$. M. Smet.

282. L'acteur Kosagawa Tsuneyo représentant Tonasé, la femme d'un des Ronin.
Signée : Toshusaï Sharaku, yégaku.
Publiée par Tsutaya.
Pl. 74. — H. $0^{m}365$. — L. $0^{m}240$. M. Vever.
Reproduite par Kurth, pl. 52.

283. L'acteur Ichikawa Monnosuké en samuraï.
Signée : Toshusaï Sharaku, yégaku.
Publiée par Tsutaya.
Pl. 74. — H. $0^{m}355$. — L. $0^{m}235$. M. Cosson.
Reproduit par Kurth, pl. 40.

DOUBLES PORTRAITS D'ACTEURS EN PIED

Format oban à fond réservé.

284. L'acteur Sanokawa Ichimatsu en oïran et Ichikawa Tomiyémon en otokodaté.
Signée : Toshusaï Sharaku, yégaku.
Publiée par Tsutaya.
Pl. 75. — H. $0^{m}370$. — L. $0^{m}245$. M. Mutiaux.
Reproduite par Kurth. pl. 58.

285. A droite, l'acteur Sawamura Sojuro, à gauche, l'acteur Ichimura Kichigoro figurant deux Shugenja (caste de prêtres bouddhiques, qui n'ont pas obligatoirement la tête rasée). Et, en effet. l'un d'eux a les cheveux longs et l'autre dont la tête est rasée porte des guiches démesurées.
Signée : Toshusaï Sharaku, yégaku.
Publiée par Tsutaya.
Pl. 75. — H. $0^{m}350$. — L. $0^{m}230$. M. Fleury.
Non reproduite par Kurth.

286. L'acteur Nakamura Gwanzo, en homme gras et l'acteur Nakajima Wadayémon en maigre.
Signée : Toshusaï Sharaku, yégaku.
Publiée par Tsutaya. M. Bullier.
Pl. 76. — H. $0^{m}375$. — L. $0^{m}250$.
Reproduite par Kurth en frontispice.

287. L'acteur Ségawa Tomisaburo en femme maigre et Nakamura Manzo en grasse.
Signée : Toshusaï Sharaku, yégaku.
Publiée par Tsutaya.
Pl. 76. — H. $0^{m}370$. — L. $0^{m}240$. M. Jacquin.
Reproduite par Kurth, pl. 59.

PORTRAITS D'ACTEURS EN PIED

Format oban à fond d'argent.

288. L'acteur Ichikawa Monnosuké dans le rôle de Asashina maîtrisant deux oni (diables).

Il piétine l'un et à bout de bras tient l'autre suspendu comme une loque.
Signée : Sharaku, yégaku.
Publiée par Tsutaya.
Pl. 77. — H. $0^{m}305$. — L. $0^{m}210$ (rognée). M. Vever.
Non reproduite par Kurth.

289. L'acteur Nakajima Watayémon représentant le dieu de l'enfer. Il est debout, tirant la langue et tenant un bâton de commandement. Auprès de lui son miroir qui reflète tous les crimes.

Accroupie aux pieds du dieu, une femme que figure l'acteur Nakamura Noshio.

Signée : Sharaku, yégaku.

Publiée par Tsutaya.

Pl. 77. — H. $0^{m}325$. — L. $0^{m}225$. M. Vever.

Non reproduite par Kurth.

PORTRAIT D'ACTEUR EN PIED

Format oban à fond micacé.

290 [1]. Portrait de Miya Uchi Dennai, directeur du théâtre Kobukiza.

C'est un vieux monsieur assis, en costume de cérémonie et qui lit un rouleau de papier, où il est annoncé qu'il paraîtra prochainement une deuxième série de portraits d'acteurs.

Pl. 78. — H. $0^{m}380$. — L. $0^{m}255$. M. Jacquin.

Non reproduite par Kurth.

PORTRAITS D'ACTEURS EN PIED

Format hosoyé à fond décoré.

291. Triptyque.

Sous un érable, des yéji (jardiniers du palais impérial).

L'estampe de gauche montre l'acteur Iwaï Hanshiro en yéji femme. Elle porte un rateau.

L'estampe centrale montre, assis à terre et tenant aussi un rateau, un yéji homme, figuré par l'acteur Ichikawa Komazo.

L'estampe de droite montre une autre yéji femme, figurée par l'acteur Kosagawa Tsunéyo. Elle est debout et tient un tanzaku.

Pl. 79. — Chaque estampe mesure : H. $0^{m}315$. — L. $0^{m}150$.

M. Haviland.

Triptyque non reproduit par Kurth.

292. Triptyque.

La scène ici représentée est le début du Chushingura (le drame des 47 Ronin). Les offenses de Ko no Morono ont lassé la patience de Yenya Hangwan qui, oubliant dans sa colère qu'il se trouve dans le palais du Shogun, va se jeter sur son ennemi. Entre eux deux, Momonoï tente d'apaiser la querelle.

L'estampe de gauche montre Ichikawa Danjuro ? dans le rôle de Yenya Hangwan.

Signée : Sharaku, yégaku.

Publiée par Tsutaya.

Pl. 80. — H. $0^{m}305$. — L. $0^{m}140$. M. Mutiaux.

L'estampe centrale montre Ichikawa Yaozo dans le rôle de Momonoï.

Signée : Sharaku, yégaku.

Publiée par Tsutaya.

Pl. 80. — H. $0^{m}310$. — L. $0^{m}140$. M. Mutiaux.

1. Une erreur de numérotage situe ici cette estampe, qui vraisemblablement devrait se placer après le n° 260, en tête de la série des portraits d'acteurs en buste, format oban à fond d'argent.

L'estampe de droite montre Ichikawa Danjuro (?) dans le rôle de Ko no Morono.

Signée : Sharaku, yégaku.

Publiée par Tsutaya.

Pl. 80. — H. $0^{m}305$. — L. $0^{m}135$. M. Kœchlin.

Triptyque non reproduit par Kurth.

293. Triptyque.

Même sujet que ci-dessus, traité différemment.

L'estampe de gauche montre Momonoï figuré par l'acteur Sawamura Sojuro.

Signée : Sharaku, yégaku.

Publiée par Tsutaya.

Pl. 82. — H. $0^{m}310$. — L. $0^{m}140$. M. Vever.

L'estampe centrale montre Yenya Hangwan figuré par un acteur non identifié.

Signée : Sharaku, yégaku.

Publiée par Tsutaya.

Pl. 82. — H. $0^{m}305$. — L. $0^{m}140$. M. Vever.

L'estampe de droite montre Ko no Morono figuré par l'acteur Ichikawa Kichigoro.

Signée : Sharaku, yégaku.

Publiée par Tsutaya.

Pl. 82. — H. $0^{m}305$. — L. $0^{m}140$. M. Vever.

Triptyque non reproduit par Kurth.

294. Deux parties d'un triptyque.

Otani Oniji représentant un samuraï tenant une coupe à saké.

Un store relevé au-dessus de la tête du personnage indique que la scène se passe à l'intérieur d'un palais.

Cette estampe forme la partie gauche d'un triptyque, dont l'estampe suivante forme la partie droite.

Signée : Sharaku, yégaku.

Publiée par Tsutaya.

Pl. 80 et (en couleurs) pl. 81. — H. $0^{m}310$. — L. $0^{m}140$.

M. Fleury.

L'acteur Ségawa Tomisaburo figurant une jeune fille. Auprès d'elle, une bouilloire à saké et un papillon en papier qui sert dans la cérémonie du mariage.

Cette estampe forme la partie droite d'un triptyque, dont la partie gauche est formée par l'estampe précédente.

Signée : Sharaku, yégaku.

Publiée par Tsutaya.

Pl. 80. — H. $0^{m}325$. — L. $0^{m}150$. M. Odin.

Kurth reproduit (pl. 21) l'estampe de droite du triptyque, ainsi que l'estampe centrale, que nous ne possédons pas. Il ne reproduit pas l'estampe de gauche.

295. L'acteur Yamashima Tomijuro dans un rôle de samuraï.

Fond représentant la paroi d'une pièce décorée d'une bande de fleurs de cerisiers entre deux frises de flots stylisés. En haut une fenêtre.

Signée : Sharaku, yégaku.

Publiée par Tsutaya.

Pl. 86 en couleurs. — H. $0^{m}295$. — L. $0^{m}145$. M. Vever.

Cette estampe, non reproduite par Kurth, forme triptyque avec 2 estampes qu'il reproduit pl. 15 et que nous n'avons pas.

296. Deux parties d'un triptyque.

La feuille que nous reproduisons à gauche et qui forme le centre du triptyque montre une femme (représentée par l'acteur Sanokawa Ichimatsu) qui porte un plateau où une touffe d'iris est plantée sur un mamelon formé de terre et de mousse.

Cette femme se tourne vers la gauche et voit jaillir auprès d'elle un feu follet, qui indique probablement qu'une apparition se trouve sur la feuille de gauche.

Au haut de l'estampe une branche de prunier.

Signée : Sharaku, yégaku.

Publiée par Tsutaya.

Pl. 82. — H. $0^{m}320$. — L. $0^{m}145$. M. Vever.

Non reproduite par Kurth.

La feuille de droite montre l'acteur Arashi Ryuzo représentant un vieillard vêtu d'un kimono noir et qui a une attitude de stupeur effrayée. Au haut de l'estampe une branche de prunier

Signée : Sharaku, yégaku.

Publiée par Tsutaya.

Pl. 82 et en couleurs Pl. 83. — H. $0^{m}305$. — L. $0^{m}135$.

M. Cosson.

Reproduite par Kurth, pl. 16.

297. Deux parties d'un triptyque.

L'estampe de gauche montre l'acteur Ichikawa Yaozo figurant un homme en costume de voyage et dont l'attitude exprime une désagréable surprise.

Au haut une branche d'érable.

Signée : Sharaku, yégaku.

Publiée par Tsutaya.

Pl. 84 et en couleurs Pl. 85. — H. $0^{m}320$. — L. $0^{m}150$.

M. Doucet.

Reproduite par Kurth, pl. 19.

L'estampe de droite montre une femme (que figure l'acteur Fujikawa Murajiro) cachant son visage qu'elle détourne et baissant les yeux. Toute son attitude plaide coupable.

A droite un tronc d'érable dont les branches s'étendent au haut de l'estampe.

Signée : Sharaku, yégaku.

Publiée par Tsutaya.

Pl. 84. — H. $0^{m}315$. — L. $0^{m}150$. M. Stoclet.

Reproduite par Kurth, pl. 19.

Selon nous, l'estampe centrale du triptyque serait celle, que nous ne possédons pas, que Kurth reproduit pl. 18, à droite.

298. Triptyque.

C'est une scène d'intérieur. Un marchand de comestibles vient offrir ses produits.

L'estampe de gauche montre l'acteur Nakajima Watayémon dans un rôle d'homme. Il porte une serviette sur l'épaule.

L'estampe centrale montre l'acteur Nakamura Nakazo dans le rôle du marchand, qui porte une sorte de baquet à anse et à couvercle.

L'estampe de droite montre l'acteur Kosagawa Tsunéyo dans un rôle de femme. Elle tient une serviette entre ses dents.

Signée : Sharaku, yégaku.

Publiée par Tsutaya.

Pl. 87. — H. $0^{m}315$. — L. $0^{m}150$ pour chaque estampe.

M. de Sartiges.

Kurth, pl. 14, reproduit une variante de ce triptyque. L'estampe de gauche (empruntée au catal. Barboutau) est la même que dans le triptyque ci-dessus. L'estampe centrale (également empruntée au catal. Barboutau) montre aussi un marchand de comestibles (voir 299), mais dans un costume et une attitude autres et figuré par un acteur différent. Enfin l'estampe de droite montre une dame absolument dissemblable de celle de notre triptyque, tant en ce qui concerne son attitude et son costume, que l'acteur qui la figure. Nous ne possédons ni l'estampe de gauche, ni celle de droite du triptyque Kurth.

Une variante se voit encore dans le décor des deux dernières feuilles. Alors que, dans notre triptyque, elles offrent un fond de vitrage, celles de Kurth donnent un mur recouvert d'un rideau. L'effet produit par ce rideau est gauche, engoncé. Nous inclinons à penser que le triptyque Kurth est la première pensée d'une estampe dont nous avons l'état définitif.

299. L'acteur Matsumoto Koshiro représentant un homme qui porte d'une main une boîte à gâteau et qui de l'autre maintient sur son épaule des poissons secs bottelés dans de la paille.

Signée : Sharaku, yégaku.

Publiée par Tsutaya.

Pl. 84. — H. $0^{m}320$. — L. $0^{m}155$. M. Mutiaux.

Cette estampe est celle qui figure comme centre du tript. Kurth auquel nous faisons allusion n° 298.

300. L'acteur Kumaju Hangoro en otokodaté prêt à tirer son sabre.

Dans le fond un monument commémoratif en forme de menhir. Au haut une branche d'érable.

Signée : Sharaku, yégaku.

Publiée par Tsutaya.

Pl. 78. — H. $0^{m}320$. — L. $0^{m}150$. M. Doucet.

Reproduite par Kurth, pl. 18.

301. L'acteur Nakamura Noshio représentant une femme. Elle tient une branche de prunier dans la main et sa coiffure est ornée de fleurs. A droite un tronc d'arbre.

Signée : Sharaku, yégaku.

Publiée par Tsutaya.

Pl. 78. — H. $0^{m}290$. — L. $0^{m}140$. M. Bing.

Non reproduite par Kurth.

302. Sawamura Sojuro, figurant un homme en costume de voyageur, qui, une lanterne à demi dissimulée dans sa manche, enveloppe dans son manteau un petit enfant abandonné qu'il vient de recueillir. La scène se passe à l'entrée du temple de Sékidéra, près d'un cimetière.

Signée : Sharaku, yégaku.

Publiée par Tsutaya.

Pl. 84. — H. $0^{m}310$. — L. $0^{m}145$. M. Vever.

Non reproduite par Kurth.

303. L'acteur Nakayama Tomisaburo figurant une jeune fille dansant la danse du Shishi.

A gauche, le tronc d'un érable dont les feuilles d'automne ornent le haut de l'estampe.

Signée : Sharaku, yégaku.

Publiée par Tsutaya.

Pl. 88. — H. 0m310. — L. 0m145. M. JACQUIN.

Reproduite par Kurth, pl. 17, qui reproduit également une estampe que nous n'avons pas, formant diptyque, avec celle ci-dessus.

PORTRAITS D'ACTEURS EN PIED

Format hosoyé à fond teinté.

304. Triptyque (fond jaune).

L'estampe de gauche montre l'acteur Otani Tokuji, figurant un paysan. Il regarde deux hommes qui se querellent, et sa façon de manier sa bêche laisse supposer qu'il ne sera pas long à intervenir.

Signée : Toshusaï Sharaku, yégaku.

Publiée par Tsutaya.

Pl. 88. — H. 0m295. — L. 0m140. M. VEVER.

Non reproduite par Kurth.

L'estampe centrale montre un paysan engagé dans une discussion violente. Il agite une houe. C'est l'acteur Ichikawa Tomiyémon qui le représente.

Signée : Toshusaï Sharaku, yégaku.

Publiée par Tsutaya.

Pl. 88. — H. 0m330. — L. 0m150. M. CHIALIVA.

Non reproduite par Kurth.

L'estampe de droite montre l'acteur Nakajima Wadayémon en *mumakatu* (garçon d'écurie). Ce personnage fort en colère gesticule avec frénésie, en brandissant un gros couteau.

Signée : Toshusaï Sharaku, yégaku.

Publiée par Tsutaya.

Pl. 88. — H. 0m315. — L. 0m135. M. JACQUIN.

Non reproduite par Kurth.

305. Diptyque (fond jaune).

L'estampe de gauche montre un otokodaté (représenté par l'acteur Otani Oniji), surpris par une agression inattendue et se mettant sur la défensive.

Signée : Toshusaï Sharaku, yégaku.

Publiée par Tsutaya.

Pl. 89. — H. 0m209. — L. 0m145. M. VEVER.

Non reproduite par Kurth.

L'estampe de droite montre l'acteur Arashi Riuzo, dans un rôle d'otokodaté. Comme son compagnon il s'apprête au combat.

Signée : Toshusaï Sharaku, yégaku.

Publiée par Tsutaya.

Pl. 89. — H. 0m315. — L. 0m145. M. JACQUIN.

Les deux personnages de ce diptyque, figurés par les mêmes acteurs se retrouvent dans l'estampe oban 329.

Non reproduite par Kurth.

306. Fond neutre.

L'acteur Ichikawa Danjuro dans le rôle de Shibaraku.

Signée : Sharaku, yégaku.

Publiée par Tsutaya.

Pl. 88. — H. 0m320. — L. 0m150. M. DOUCET.

Non reproduite par Kurth.

307. Fond jaune.

L'acteur Bando Mitsugoro figurant un voyageur qui porte sur ses épaules un sabre, dissimulé dans une botte de paille. Il veut ainsi laisser présumer son caractère pacifique, mais souvent ce geste implique un projet de vengeance.

Signée : Toshusaï Sharaku, yégaku.

Publiée par Tsutaya.

Pl. 89. — H. 0m320. — L. 0m150. M. VEVER.

Non reproduite par Kurth.

308. Fond jaune.

L'acteur Ichikawa Danjuro figurant Oboshi Rikiya, le fils du chef des Ronin, Yuranosuké.

Signée : Toshusaï Sharaku, yégaku.

Publiée par Tsutaya.

Pl. 89. — H. 0m315. — L. 0m145. M. DOUCET.

Non reproduite par Kurth.

309. Fond jaune.

L'acteur Morita Kanya en samuraï.

Signée : Toshusaï Sharaku, yegaku.

Publiée par Tsutaya.

Pl. 90. — H. 0m310. — L. 0m145. M. MUTIAUX.

Non reproduite par Kurth.

310. Fond jaune.

L'acteur Matsumoto Yonésaburo en servante de chaya. Elle porte une bouilloire à saké et une coupe sur une table minuscule. En travers du parement de son kimono, qui est en satin de Chine, on voit la lisière de la pièce où est brodé le nom du fabricant. Ce fut à cette époque un caprice de la mode d'employer cette lisière comme ornement.

Signée : Toshusaï Sharaku, yégaku.

Publiée par Tsutaya.

Pl. 90. — H. 0m305. — L. 0m140. M. VEVER.

Reproduite par Kurth, pl. 34.

311. Fond jaune.

L'acteur Nakajima Wadayémon figurant un otokodaté. Il est assis à terre, relevant ses manches. Sous son vêtement retroussé, on voit ses jambes nues. Il a une liasse de papier dans l'entre-baillement de son kimono.

Signée : Toshusaï Sharaku, yégaku.

Publiée par Tsutaya.

Pl. 90. — H. 0m300. — L. 0m140. M. MUTIAUX.

Non reproduite par Kurth.

312. Fond jaune.

L'acteur Ichikawa Komazo en samuraï. La tête inclinée en avant, en un mouvement d'attention, il s'appuie sur son sabre.

Signée : Sharaku, yégaku.

Publiée par Tsutaya.

Pl. 91. — H. 0m300. — L. 0m135. M. KŒCHLIN.

Non reproduite par Kurth.

313. Fond jaune.

L'acteur Iwaï Kiyotaro représentant une geisha qui bourre sa pipe.

Signée : Toshusaï, yégaku.

Publiée par Tsutaya.

Pl. 92 en couleurs. — H. 0^{m}310. — L. 0^{m}150. M. Bullier.

Non reproduite par Kurth.

314. Fond réservé.

L'acteur Nakamura Noshio figurant une jeune femme, assise, un tanzaku à la main, auprès d'un bassin rempli d'eau. Allusion connue à la poétesse Ono no Komachi.

Signée : Sharaku, yégaku.

Publiée par Tsutaya.

Pl. 90. — H. 0^{m}320. L. 0^{m}150. M. Vever.

Non reproduite par Kurth.

315. Fond jaune.

L'acteur Ichikawa Yaozo en samuraï.

Signée : Toshusaï Sharaku, yégaku.

Publiée par Tsutaya.

Pl. 91. — H. 0^{m}310. — L. 0^{m}135. M. Vever.

Non reproduite par Kurth.

316. Fond jaune.

L'acteur Ségawa Kikunojo en un rôle de femme.

Signée : Toshusaï Sharaku, yégaku.

Publiée par Tsutaya.

Pl. 91. — H. 0^{m}310. — L. 0^{m}145. Musée des Arts décoratifs.

Non reproduite par Kurth.

317. Fond gris.

L'acteur Otani Oniji en Ronin.

Signée : Toshusaï Sharaku, yégaku.

Publiée par Tsutaya.

Pl. 91. — H. 0^{m}315. — L. 0^{m}145. M. Vever.

Reproduite par Kurth, pl. 33, qui l'indique comme ayant un fond jaune.

318. Fond gris.

Yamashita Kinsaku dans le rôle d'une grasse matrone qui se promène sous son ombrelle, par un jour de neige. Les flocons se détachent en blanc sur le fond gris.

Ce portrait en pied se retrouve en buste dans la série des oban à fond jaune (n° 256).

Signée : Sharaku, yégaku.

Publiée par Tsutaya.

Pl. 93. — H. 0^{m}315. — L. 0^{m}15. M. Bing.

Non reproduite par Kurth, qui, par contre, donne pl. 20, un hosoyé que nous n'avons pas, montrant, dans une autre attitude, la même grosse femme.

319. Diptyque à fond jaune.

L'estampe de gauche montre l'acteur Nakayama Kumétaro dans le rôle de la douce Onoyé. Elle est à genoux et subit sans se plaindre les mauvais traitements que lui inflige Iwafuji.

Signée : Toshusaï Sharaku, yégaku.

Publiée par Tsutaya.

Pl. 92. — H. 0^{m}310. — L. 0^{m}145. M. Kœchlin.

Reproduite par Kurth, pl. 32.

L'estampe de droite montre Nakayama Tomisaburo dans le rôle de la vindicative Iwafuji. Elle est debout, menaçante, devant sa compagne.

Signée : Toshusaï Sharaku, yégaku.

Publiée par Tsutaya.

Pl. 92 et (en couleurs), pl. 94. — H. 0^{m}310. L. — 0^{m}145. M. Kœchlin.

Reproduite par Kurth, pl. 33.

320. Fond jaune.

L'acteur Sawamura Sojuro représentant Yenya Hangwan.

C'est en pied, le même portrait que nous avons en buste n° 278, avec le même éventail décoré de flots stylisés.

Signée : Toshusaï Sharaku, yégaku.

Publiée par Tsutaya.

Pl. 93. — H. 0^{m}310. L. 0^m 140. M. Mutiaux.

Non reproduite par Kurth.

HOSOYÉ TIRÉS EN UNE POLYCHROMIE ASSOURDIE

321. Diptyque à fond jaune.

L'estampe de gauche montre l'acteur Ichikawa Komazo en Rokubu. Un Rokubu est un pèlerin qui va de temple en temple, avec, sur son dos, un coffre contenant une divinité. Il lui est défendu de porter des armes. Il chemine avec son bâton de pèlerin (Shakujo).

Mais ce Rokubu avait dissimulé dans son shakujo une lame de sabre. Et devant un péril qui surgit, il dégaine, et présente à d'invisibles agresseurs une arme redoutable.

Signée : Toshusaï Sharaku, yégaku.

Publiée par Tsutaya.

Pl. 95. — H. 0^{m}315. — L. 0^{m}145. M. Vever.

Non reproduite par Kurth.

L'estampe de droite montre un autre Rokubu, figuré par l'acteur Ichikawa Danjuro.

Derrière lui, posée à terre, la chapelle portative portant l'inscription qu'il a visité plus de soixante temples. Lui aussi avait caché un sabre dans son shakujo et comme son compagnon, il dégaine.

Signée : Sharaku, yégaku.

Publiée par Tsutaya.

Pl. 95. — H. 0^{m}305. — L. 0^{m}140. M. Vever.

Non reproduite par Kurth.

Nous supposons que ces deux pièces ont dû faire partie d'un triptyque; notons pourtant que nous n'en connaissons point où l'une des feuilles, comme ici, a le fond uni, tandis qu'un accessoire de théâtre (la chapelle portative) paraît sur une autre. Peut-être s'agit-il d'un même sujet traité deux fois à des périodes différentes. Signalons d'ailleurs la différence des signatures, la pièce sur fond sans décor, étant signée Toshuhaï Sharaku, et l'autre seulement Sharaku.

322. Fond jaune.

L'acteur Kosagawa Tsunéyo représentant une femme.

Signée : Toshusaï Sharaku, yégaku.

Publiée par Tsutaya.

Pl. 95. — H. 0^{m}300. — L. 0^{m}135. M. Mutiaux.

Non reproduite par Kurth.

323. Fond réservé.

L'acteur Ségawa Kikunojo en shirabiyoshi (danseuse sacrée).

Elle tient un éventail qu'orne une branche de prunier dénudée par l'hiver.

Signée : Sharaku, yégaku.

Publiée par Tsutaya.

Pl. 97 en couleurs. H. 0m310. — L. 0m145. M. VEVER.

Reproduite par Kurth, pl. 23.

324. Fond réservé.

L'acteur Iwaï Hanshiro représentant une Junrei-Otsuru (femme pèlerin). Elle porte, pendues à son cou, une serie de tablettes, où sont inscrits les noms des temples qu'elle a visités. Elle s'appuie sur sa canne d'une main et de l'autre porte son grand chapeau de voyageur.

Signée : Toshusaï Sharaku, yégaku.

Publiée par Tsutaya.

Pl. 96. — H. 0m290. — L. 0m140. M. VEVER.

Non reproduite par Kurth.

325. Fond jaune.

L'acteur Tanimura Torazo en samuraï. Il s'avance, mains en avant, doigts écartés, dans une attitude de surprise.

Signée : Toshusaï Sharaku, yégaku.

Publiée par Tsutaya.

Pl. 95. — H. 0m315. — L. 0m150. M. VEVER.

Non reproduite par Kurth.

326. Fond jaune.

L'acteur Bando Hikosaburo en otokodaté. Il est assis, fumant sa pipe.

Signée : Toshusaï Sharaku, yégaku.

Publiée par Tsutaya.

Pl. 96. — H. 0m310. — L. 0m145. Mme GILLOT.

Non reproduite par Kurth.

327. Fond jaune.

L'acteur Ichikawa Danjuro en otokodaté. Il tient un kozuka.

Signée : Toshusaï Sharaku, yégaku.

Publiée par Tsutaya,

Pl. 95. — H. 0m310. L. 0m140. M. VEVER.

Non reproduite par Kurth.

328. Fond jaune.

L'acteur Sawamura Sojuro figurant un dignitaire de la cour, coiffé de l'éboshi, et qui porte sur son dos un fagot surmonté d'une branche fleurie de prunier. Il s'appuie sur une énorme hache de bûcheron.

Signée : Sharaku, yégaku.

Publiée par Tsutaya.

Pl. 98 en couleurs. H. 0m330. — L. 0m150. M. MUTIAUX.

Non reproduite par Kurth.

DOUBLES PORTRAITS D'ACTEURS EN PIED

Format oban à fond micacé.

329. Les acteurs Arashi Ryuzo et Otani Oniji représentant deux otokodaté. (Voir le diptyque hosoyé, n° 305).

Signée : Toshusaï Sharaku, yégaku.

Publiée par Tsutaya.

Pl. 102. — H. 0m370. — L. 0m250. M. SMET.

Non reproduite par Kurth.

330. L'acteur Otani Oniji (à gauche) et l'acteur Ichikawa Omézo (à droite), représentant deux samuraï s'apprêtant à combattre. Celui de droite qui dégaine est Sukéroku.

Signée : Toshusaï Sharaku, yégaku.

Publiée par Tsutaya.

Pl. 100. — H. 0m375. — L. 0m250. M. DE CAMONDO.

Reproduite par Kurth, pl. 30.

331. La courtisane Komurasaki et son amant Hiraï Gompachi figurés par les acteurs Nakayama Tomisaburo et Ichikawa Komazo. Ils partent pour l'exil. Étroitement appuyés l'un contre l'autre, ils cheminent, tous deux abrités sous un vaste parasol, dont ils tiennent le manche chacun d'une main.

Signée : Toshusaï Sharaku, yégaku.

Publiée par Tsutaya.

Pl. 99. — H. 0m370. — L. 0m245. M. MARTEAU.

Non reproduite par Kurth.

332. La belle Ohan et son amoureux Choyémon représentés par les acteurs Iwaï Hanshiro et Bando Hikosaburo. Bien qu'ils fussent très épris l'un de l'autre, ces infortunés se suicidèrent, parce que l'amant était un homme marié de 45 ans et l'amante une jeune fille de 16 ans.

Signée : Toshusaï Sharaku, yégaku.

Publiée par Tsutaya.

Pl. 101. — H. 0m370. — L. 0m250. M. ROUART.

Non reproduite par Kurth.

333. Le daïmyo de Sendaï et la courtisane Takao figurés par les acteurs Sawamura Sojuro et Ségawa Kikunojo.

Le daïmyo aimait passionnément la courtisane, dont il eut un fils. Mais comme elle refusait de le suivre dans sa province, il la tua.

Signée : Toshusaï Sharaku, yégaku.

Publiée par Tsutaya.

Pl. 102. — H. 0m370. — L. 0m255. M. DU PRÉ DE SAINT-MAUR.

Reproduite par Kurth, pl. 28.

334. L'acteur Nakajima Wadayémon représentant un otokodaté de qui une femme, figurée par l'acteur Nakayama Tomisaburo, répare les sandales.

Signée : Toshusaï Sharaku, yégaku.

Publiée par Tsutaya.

Pl. 100. — H. 0m365. — L. 0m250. M. ROUART.

Non reproduite par Kurth.

335. L'acteur Ichikawa Yaozo figurant un juge fameux, Ooka Echizen no Kami, et l'acteur Kumaju Hangoro dans le rôle de Ten ichi bo Hotaku.

Le juge est assis à terre et s'appuye sur son sabre. L'autre debout derrière lui retrousse ses manches.

Signée : Toshusaï Sharaku, yégaku.

Publiée par Tsutaya.

Pl. 101. — H. 0m380. — L. 0m255. M. BULLIER.

Reproduite par Kurth, pl. 29.

LIVRES EXPOSÉS

COLLECTION VEVER

TORII KIYONAGA

Témari uta. — *Chansons à jouer à la balle.*
Signature : Torii Kiyonaga,
1777, Yedo, chez Okumura, 3 vol.

Imamukachi Bakémono oyadama. — *Le plus grand parmi les monstres.*
Dessinateur : Kiyonaga.
Auteur : Kachô.
1780, Jedo, chez Iwatoya Gempachi, 2 vol.

Kamikuzu mino-uyé-banachi. — *La vie racontée par un chiffon de papier.*
Dessinateur : Kiyonaga.
Auteur : Kachô.
1780, Yedo, chez Yeijudo Nishimura Yohachi, 3 vol.

Bakémono Yotsugino Hachinoki. — *Fleurs en pots jouées chez les monstres.*
Dessinateur : Kiyonaga.
Auteur : Kachô.
780, 3 vol.

Jehon Tachi-bukuro. — *Guerriers illustres.*
Dessinateur : Seki Kiyonaga.
Auteur : Nansensho Somabito.
1782, Yedo (2e éd. en 1836).

Yéhon Monomiga Oka. — *La Colline aux belles vues.*
Dessinateur : Seki Kiyonaga.
Graveur : Asakura Gompachi.
1785, Yedo, chez Nichimura Ghenroku et Icéya Kechigoro, 2 vol.

Mitsuno Assa. — *Les trois matins de fête du nouvel an.*
Dessinateur : Torii Kiyonaga.
Préfacier : Tsurudayu.
1787, Yedo, chez Yeijudo Nishimura.

IPPITSUSAÏ BUNCHO et KATSUKAWA SHUNSHO

Yehon Butaï-ogni. — *Acteurs en éventails.*
Graveur : Yendo Matsugo.
1770, 3 vol. Yedo, chez Kariganeya Jihé.

KITAO SHIGHÉMASA

Yehon Azuma Karaghié. — *Coup d'œil sur Azuma* (Yedo).
Signé : Kitao Shighémasa.
1786, Yedo, chez Tsutaya Jusaburo, 3 vol.

Kwacho Chachin-yonyé. — *Fleurs et Oiseaux d'après nature.*
Signé : Kitao Kosuisaï.
1re partie, Yedo, 1805; 2e partie, Yedo, 1827 (œuvre posthume) :

EN COLLABORATION AVEC KATSUKAWA SHUNSHO

Seirô Bijin awacé sugata Kagami. — *Miroir des Beautés des maisons vertes.*
Graveur : Inouyé Chinchichi.
1776, 3 vol. Yedo, chez Yamasaki Kimbé et Tsutaya Jusaburo.

Yéhon Takarano itogucui. — *L'élevage des vers à soie.*
1786, Yedo, chez Mayekawa Rokuzayemon.

KITAO MASANOBU

Kioka gojiunin-inchu. — *Les cinquante poètes de Kioka.*
Dessinateur : Kitao Denzo Masanobu.
Préfacier : Rokuguyen.
Graveur : Séki Jiyémon.
1783, Yedo, chez Tsutaya Juzaburo Ino.

Hitocokoro Kagami-no-utsuchi-yé. — *Images du cœur humain prises dans le miroir.*
Dessinateur et auteur : Santô Kiôden.
1796, 3 vol. Yedo.

KITAO KEISAI MASAYOSHI

Yehon Soga-Monogatari. — *Autour des Frères Soga.*
Signé : Kitao Masayoshi de Yedo.
Entre 1790 et 1796, Nagoya, chez Yerakuya Tochiro.

Yeyon Miyako-no-Nichiki. — *Brocards de la capitale.*
Dessinateur : Kitao Keisai Masayoshi.
Préfacier : Banchoté.
1787, Kioto, chez Yochinoya Taméhachi; Yedo, chez Mayekawa Rokuzayemon.

KEISAI RIAKUGWA SHIKI. — *Méthode de dessins cursifs de Keisaï.*

Comprenant :

1° CHOCHOKU GWAKIO. — *Dessins pour artisans.*

Dessinateur : Keisaï Kitao Masayoshi.

Préfacier : Chinchodo.

Graveurs : Chumpudo Nochiro Riuko.

1795, Yedo, chez Chinchodo et chez Suharaya Ichibé et Nagacima Risuké.

2° RIAKUGWA SHIKI. — *Méthode de dessin cursif.*

Dessinateur : Keisaï Kitao Masayoshi.

Préfacier : Kandano.

Graveur : Chumpudo Nociro Riuko.

1795, Yedo, chez Suharaya Ichibé.

3° TCHOJU RIAKUGWASHIKI. — *Méthode du dessin cursif des oiseaux et animaux.*

Dessinateur : Keisaï.

Préfacier : Kinsaï.

1797, Yedo, chez Suharaya Ichibé.

4° JIMBUTSU RIAKUGWA-SHIKI. — *Méthode du dessin cursif de figures.*

Dessinateur : Keisaï Jochinn.

Préfacier : Sôran.

Graveur : Chumpudo Nociro Riuko.

1799, Yedo, chez Suharaya Ichibé.

5° SANSUI RIAKUGWA-SHIKI. — *Méthode du dessin cursif de paysages.*

Dessinateur : Keisaï Jochinn.

Graveur : Chumpudo Nociro Riuko.

1800, Yedo, chez Suharaya Ichibé.

6° GHIOKAÏ, GU. — *Album de poissons et de coquillages.*

Dessinateur : Keisaï Jochinn.

Graveur : Chumpodo Nociro Riuko.

1802, Yedo, chez Suharaya Ichibé.

7° GHENGWA YEN. — *Parc de dessin des proverbes.*

Dessinateur et préfacier : Keisaï Jochinn.

1808, Yedo, chez Kuwagata.

8° SOGWA RIAKUGWA-SHIKI. *Méthode de dessin des herbes et des Flurs.*

Dessinateur : Keisaï Jochinn,

Préfacier : Taïrano Yuzuru.

1813, Yedo, chez cinq éditeurs : Suharaya Ichibé, Suharaya Zengoro, Tsuruya Kinsuké, Hanabusa Heikichi, Takekawa Tobé.

9° RIAKUGWA YEN. — *Parc des dessins cursifs.*

Dessinateur : Keisaï Jochinn.

Préfacier : Kandano Chami Gorosaku.

1823, Yedo, chez Kuwagata.

KEISAI SOGWA. *Dessins cursifs de Keisaï.*

Signature : 1 vol. Ghensé (Masayoshi).

2e Baïté Kwaké.

3e Keisaï Yeisen.

4e Raian Ghenki.

5e Keisaï Yeisen.

T. V. 1842, Nagoya, chez Tohékido Yerakuya Tochiro.

KATSUKAWA SHUNCHO

YEHON MOMIJI-NO-HASHI. — *Le Livre du Pont des Erables.*

Dessinateur : Katsukawa Shuncho.

Graveurs : Tsuji Kazumuné, Yamaguchi Seiga, Ando Yenchi.

Vers 1790, Yedo, chez Tsutaya Jusaburo.

YEHON SAKAYEGUSA. *Le Livre des herbes croissantes.*

Dessinateur : Churincha Katsukawa Shuncho.

Préfacier : Katsukawa Shunsho.

1790, Yedo, chez Izumiza Ichibé.

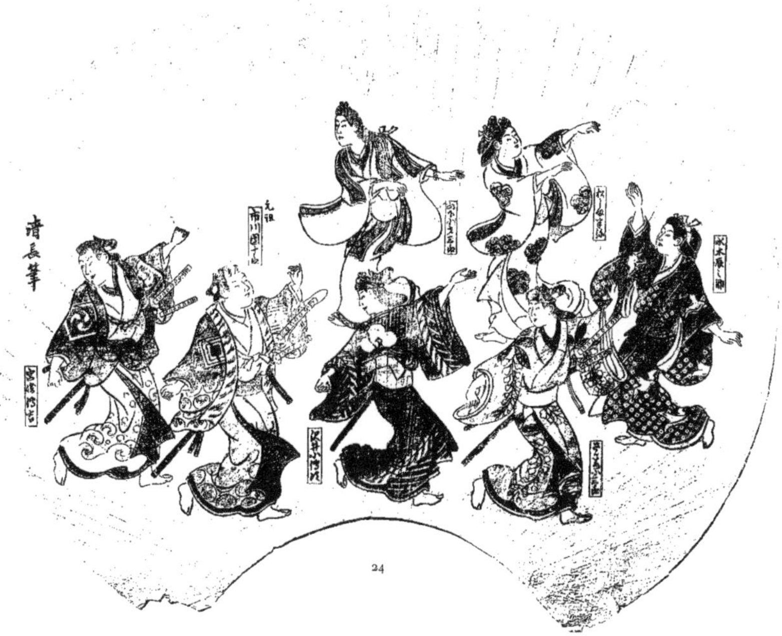

24

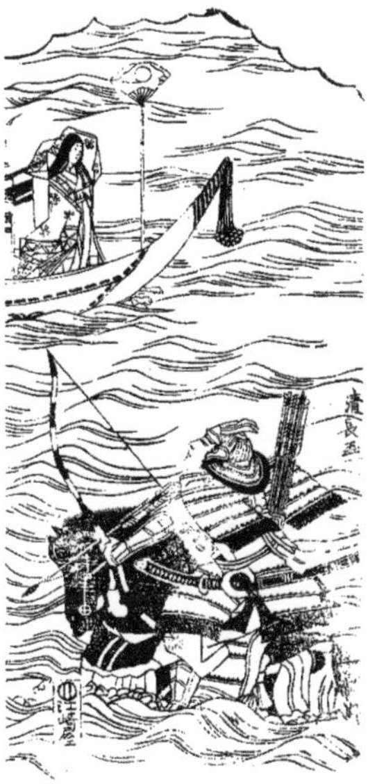

1

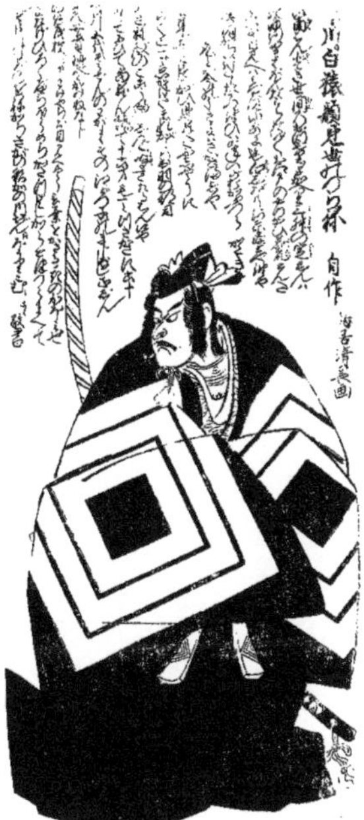

6

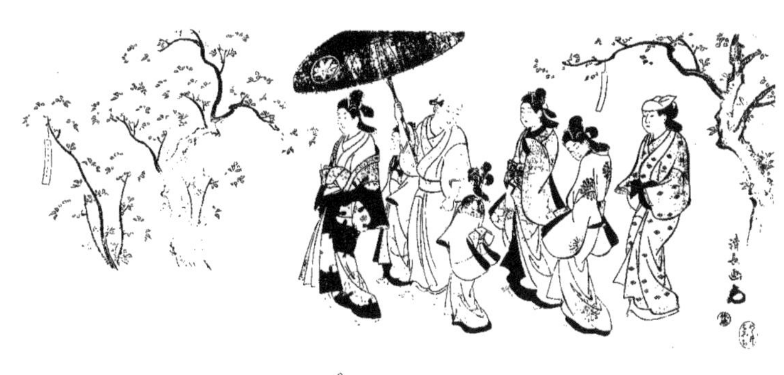

23

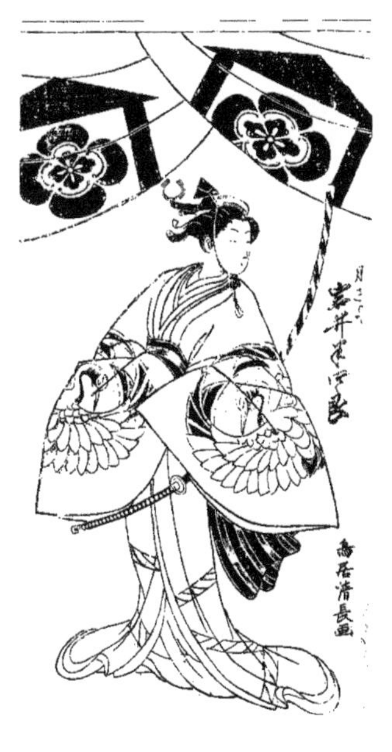

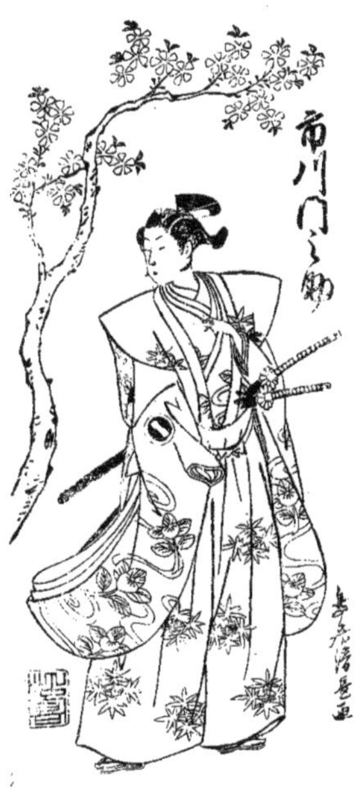

3

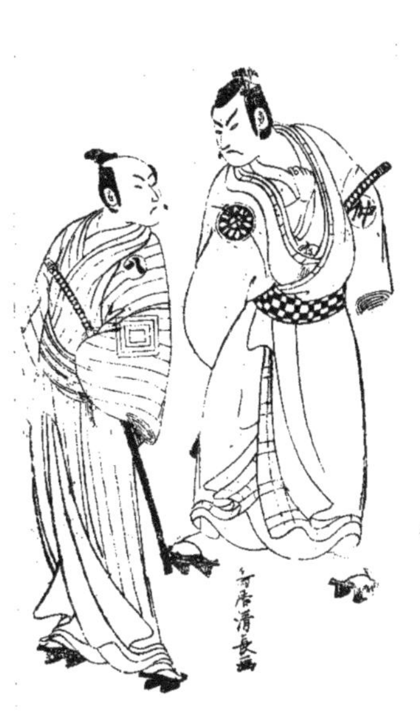

7

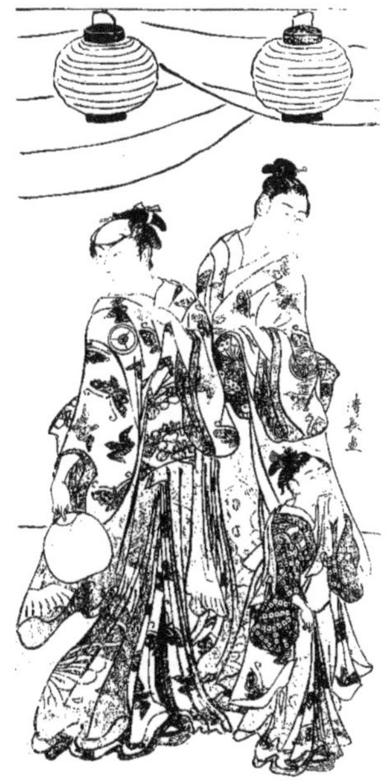

15

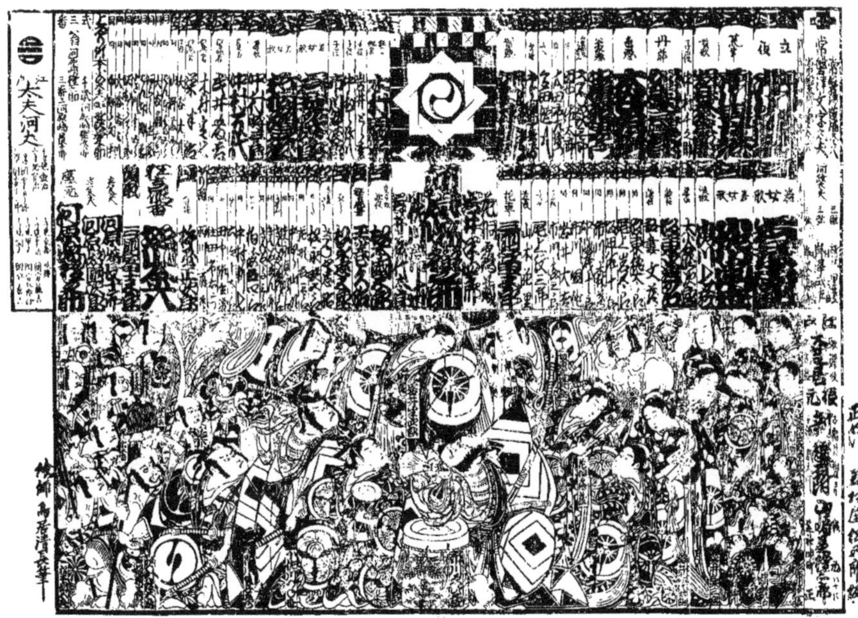

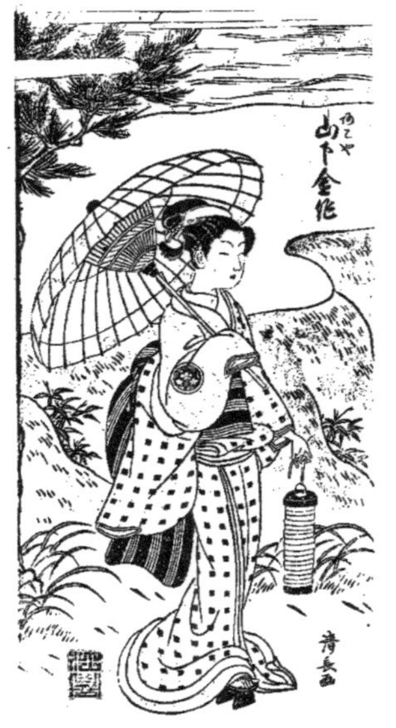

13

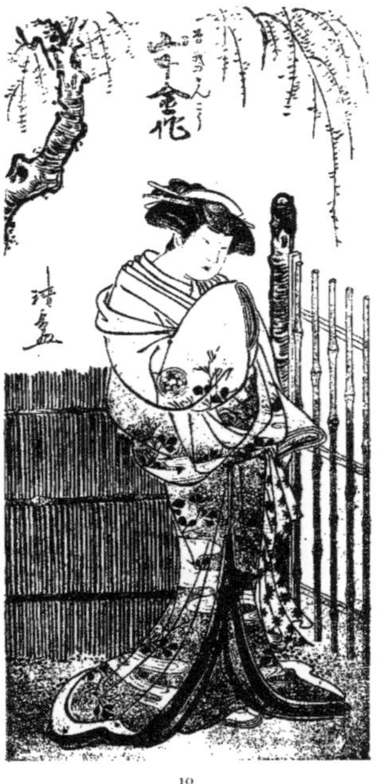

10

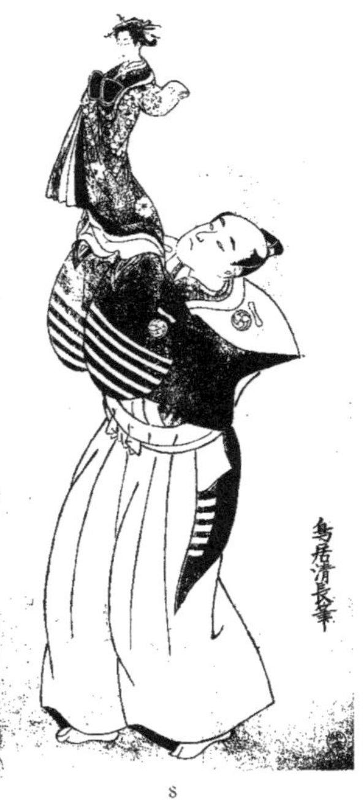

8

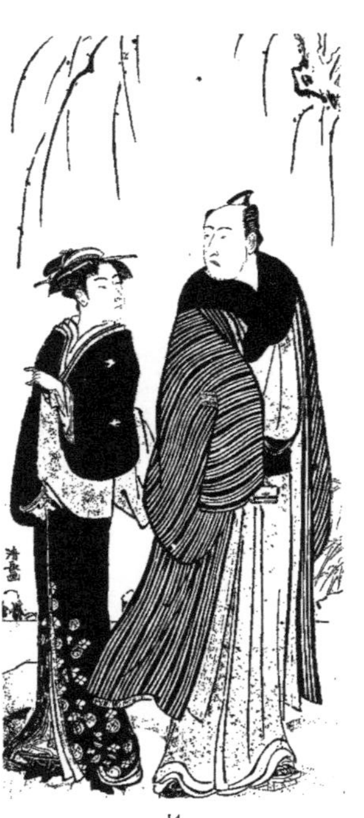

14

PL. IV

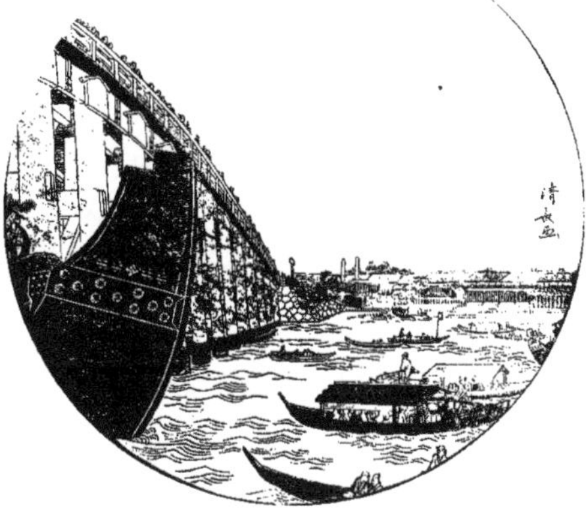

137

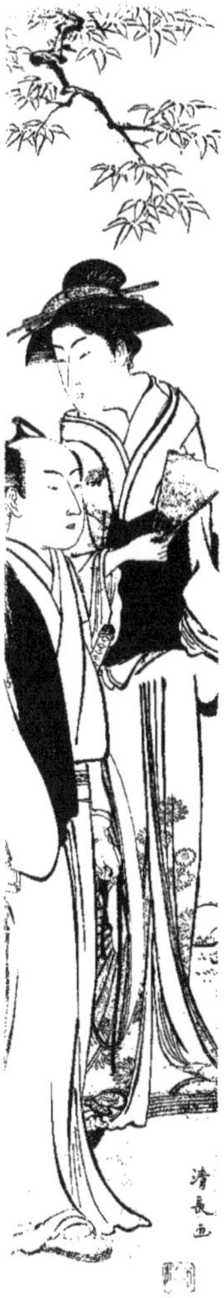

32

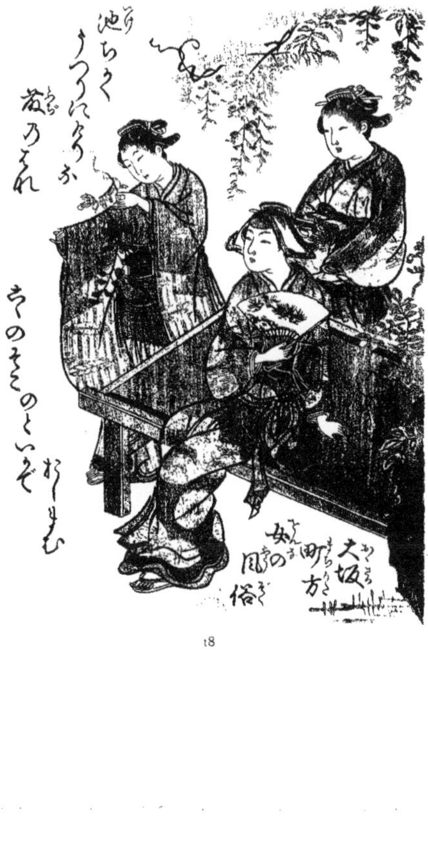

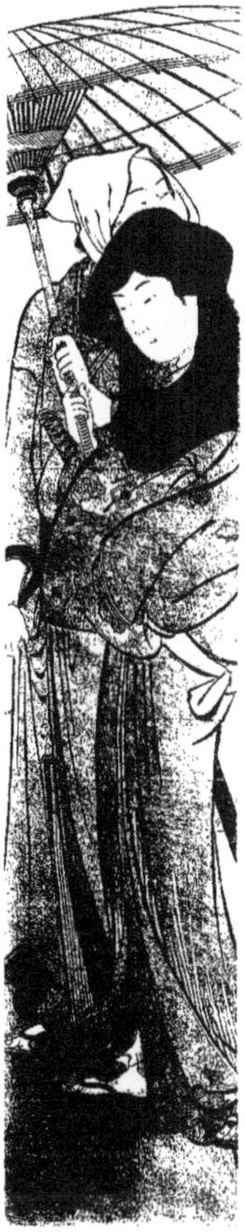

33

18

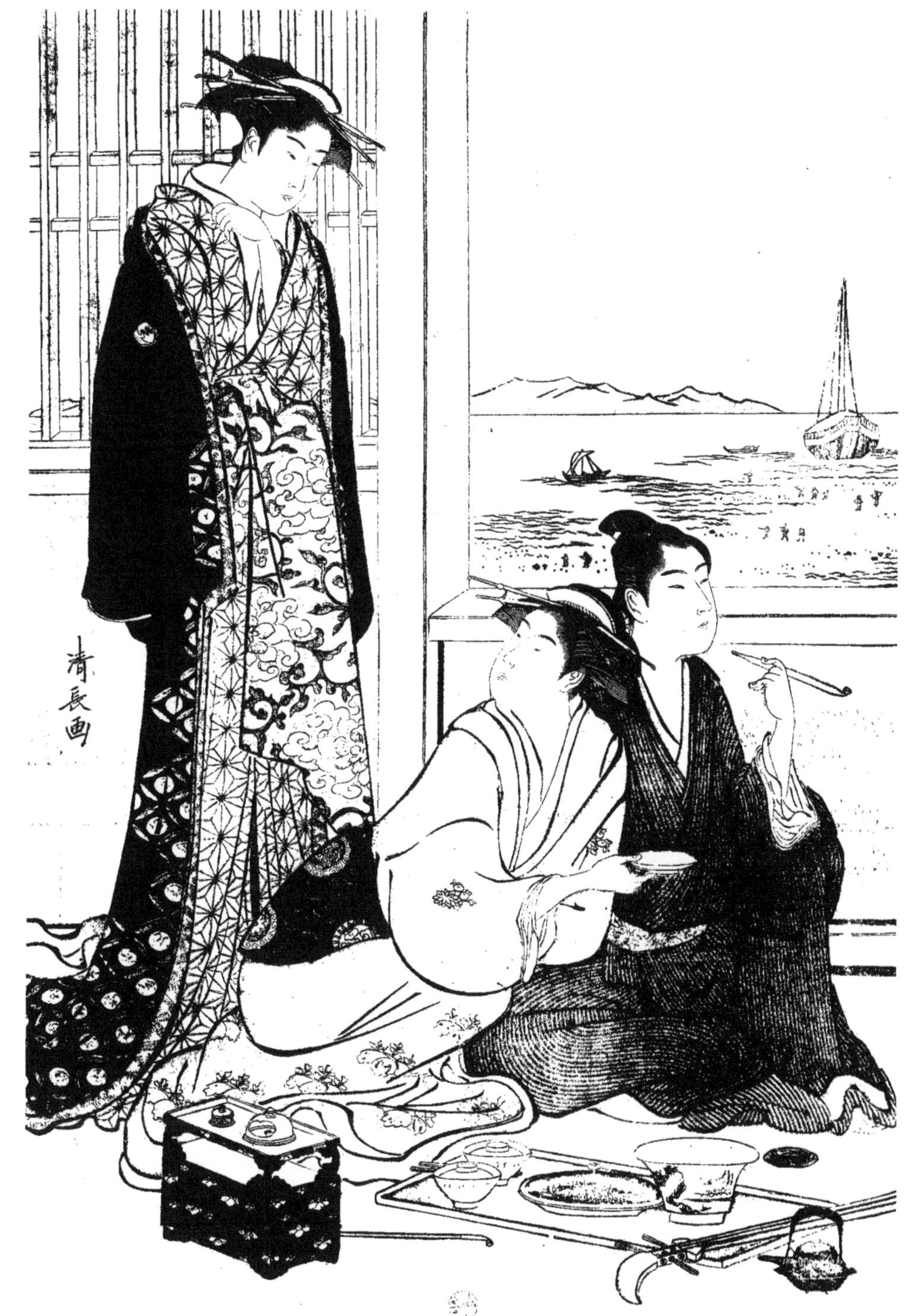
清長画

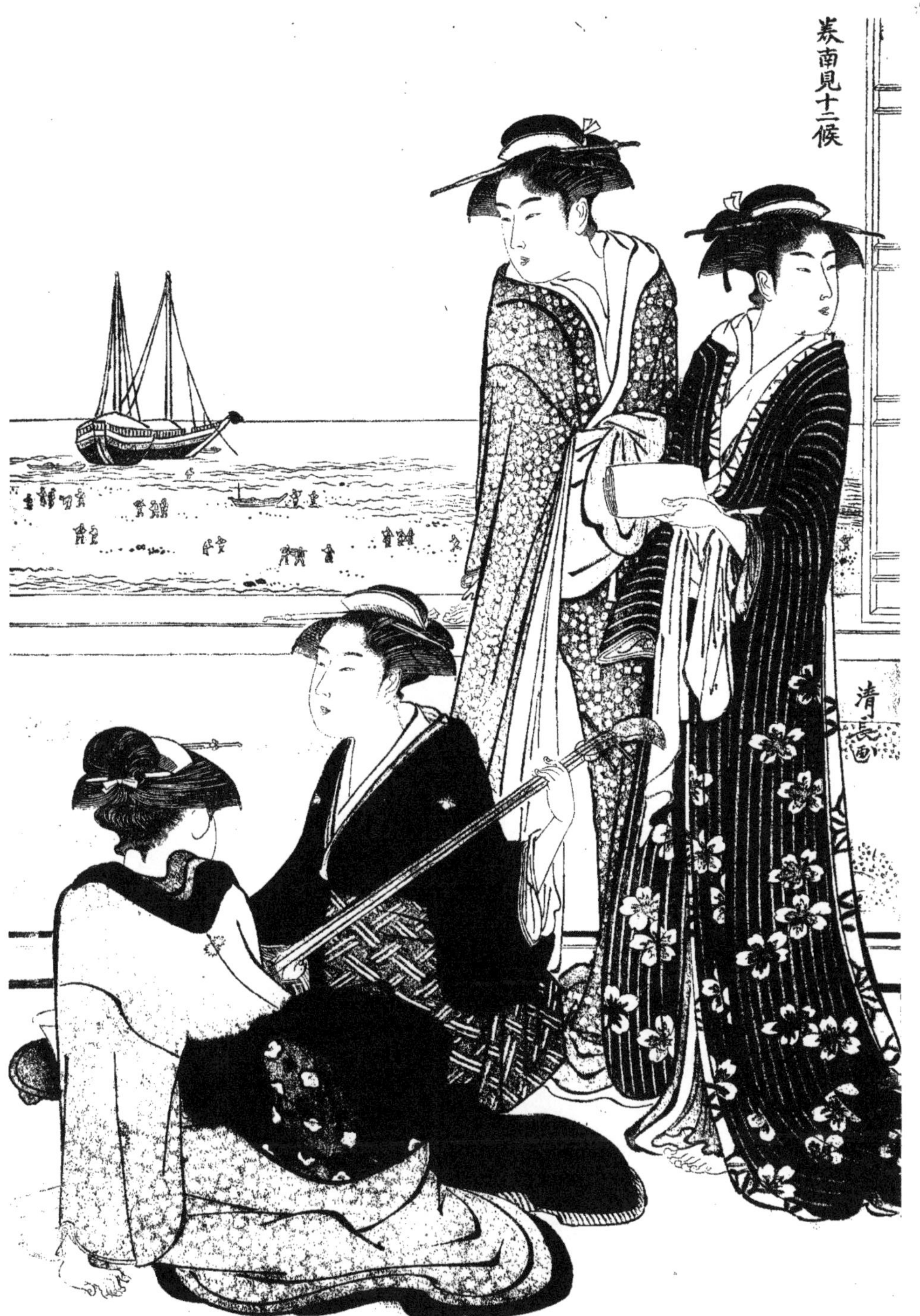
美南見十二候
清長画

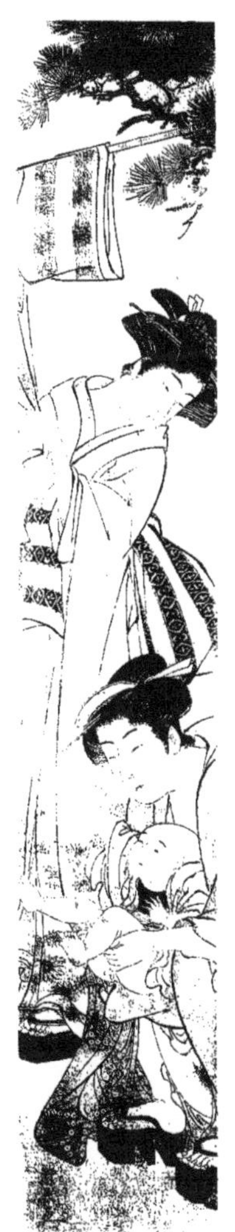

43

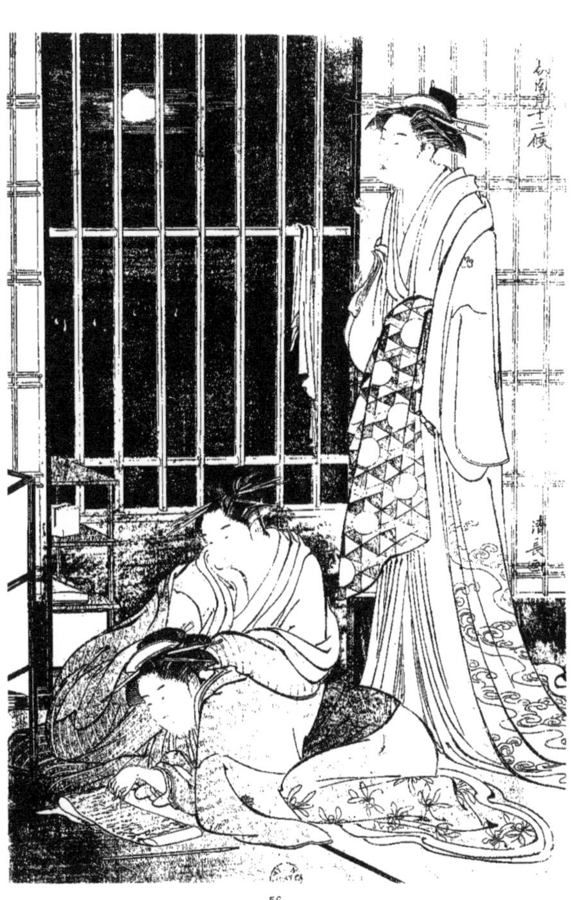

56

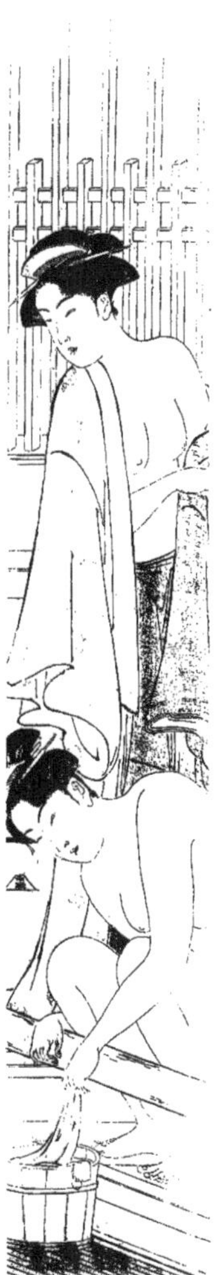

42

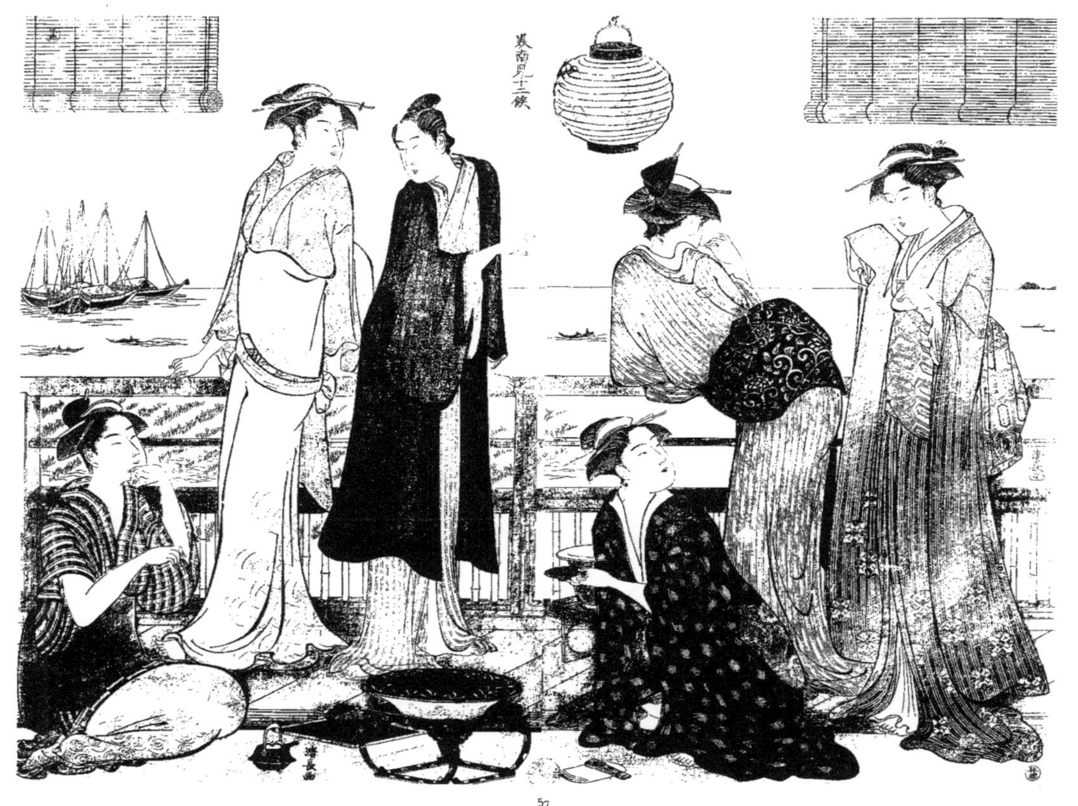

PL. IX

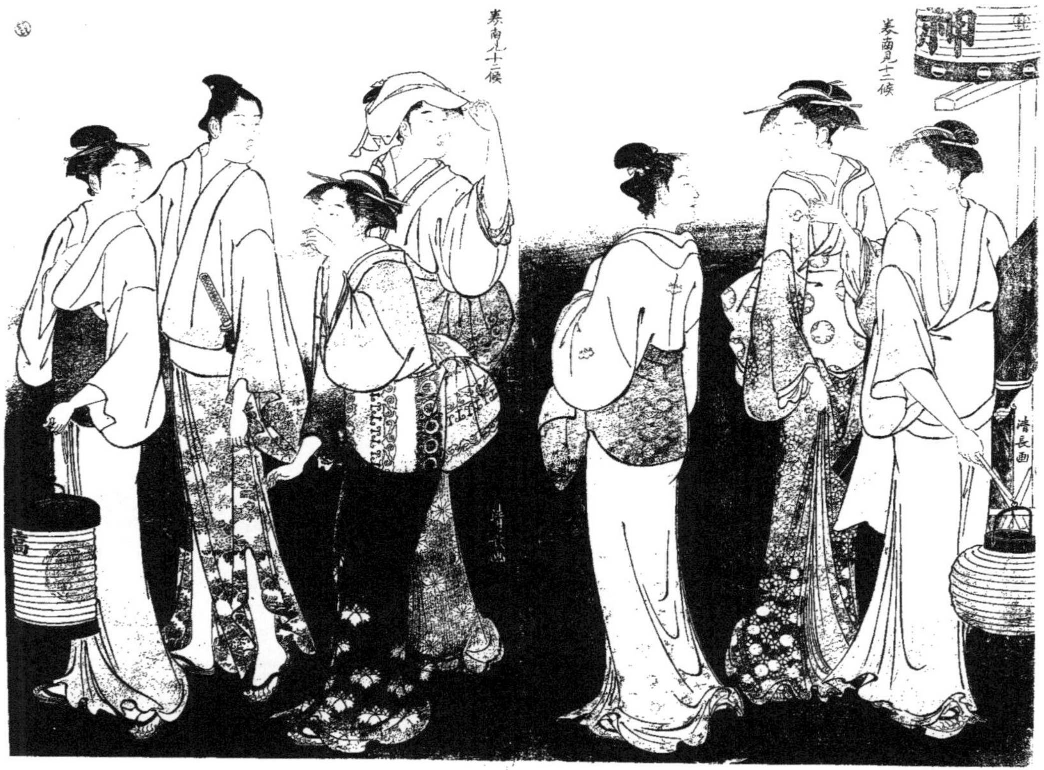

PL.

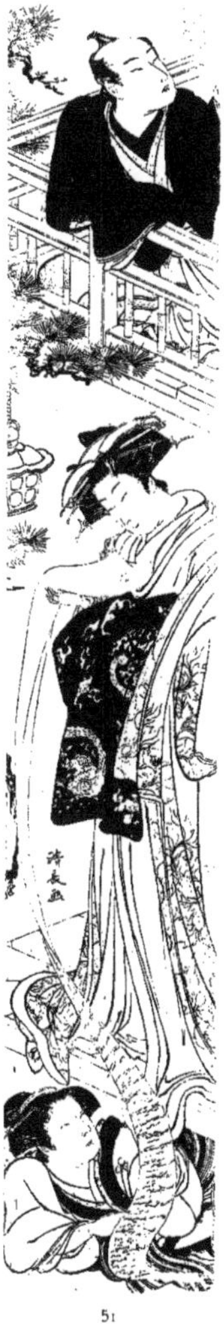

62

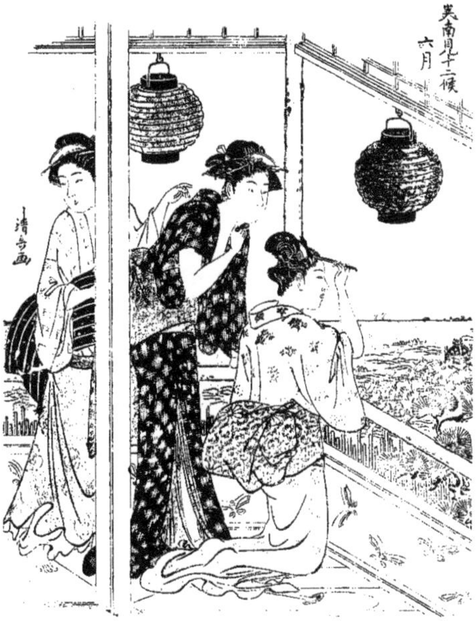

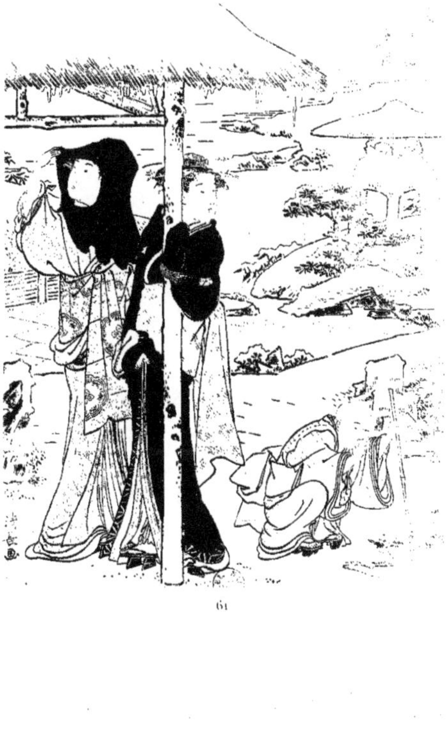

51

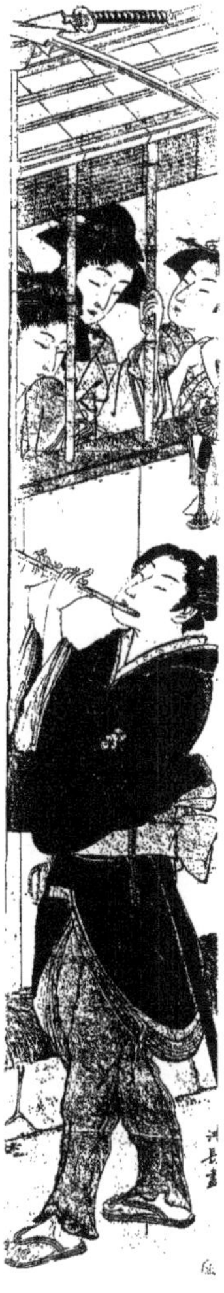

37

61

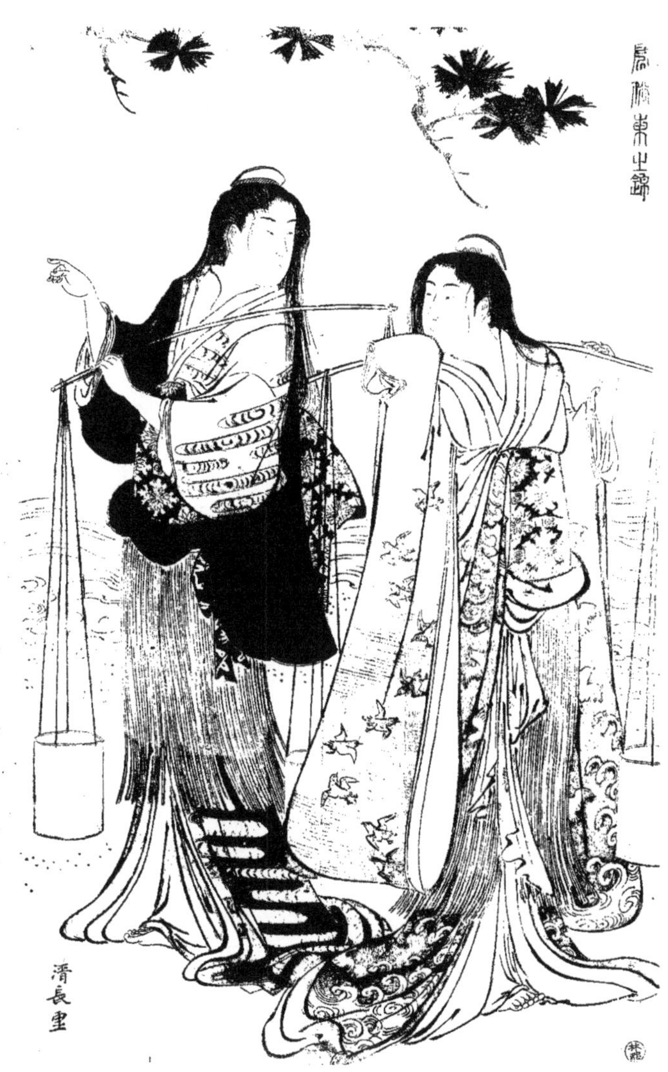
清長画

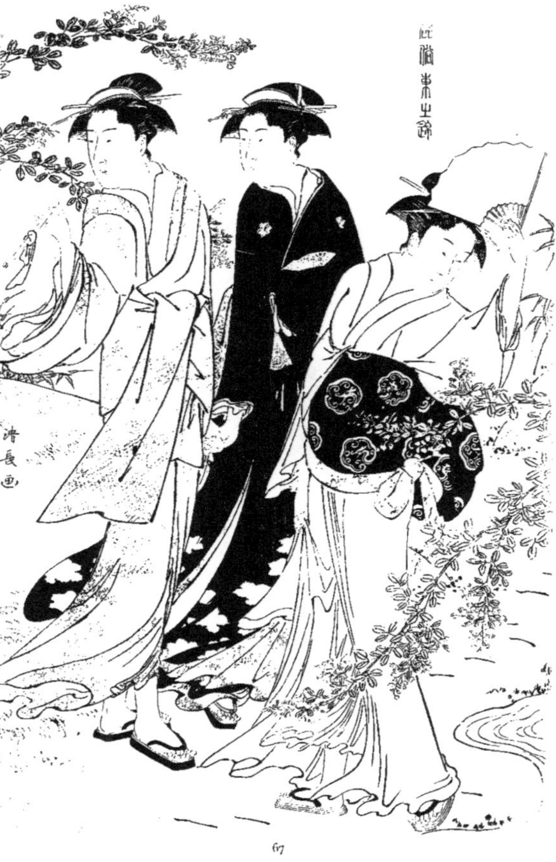

67

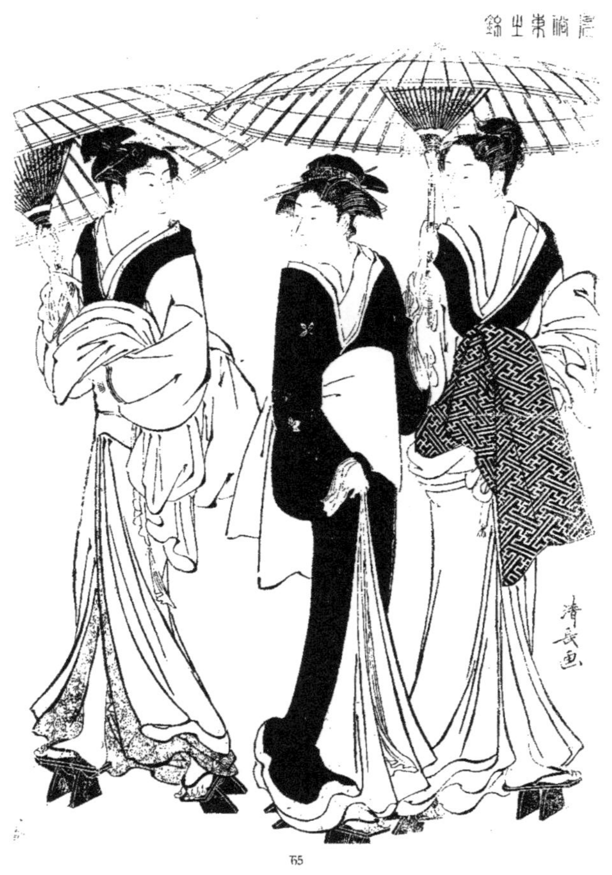

65

PL. XIII

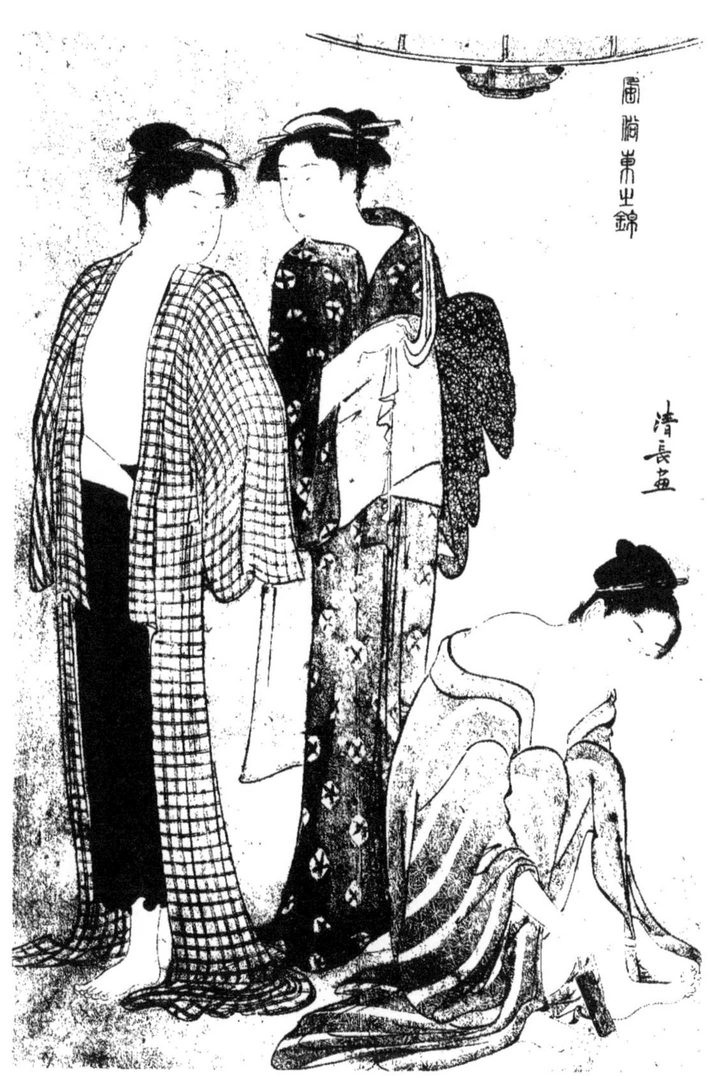
風俗東之錦
清長画

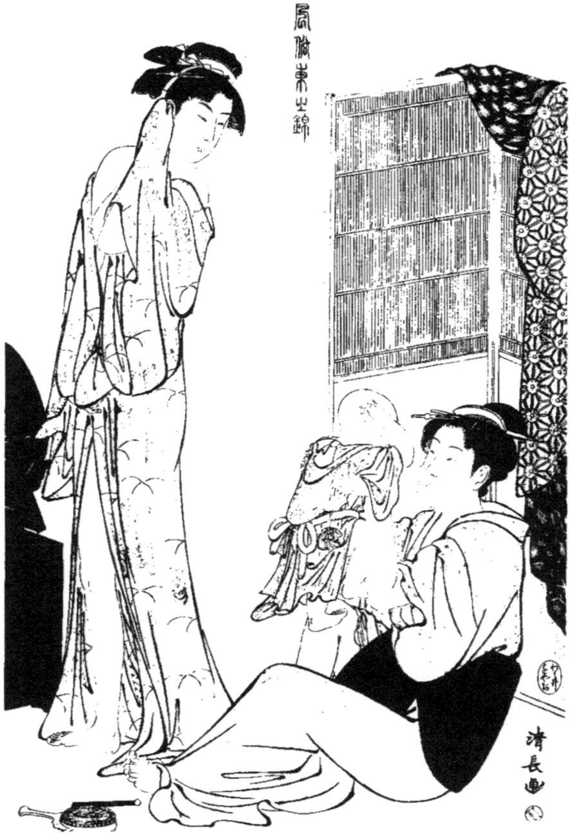

70

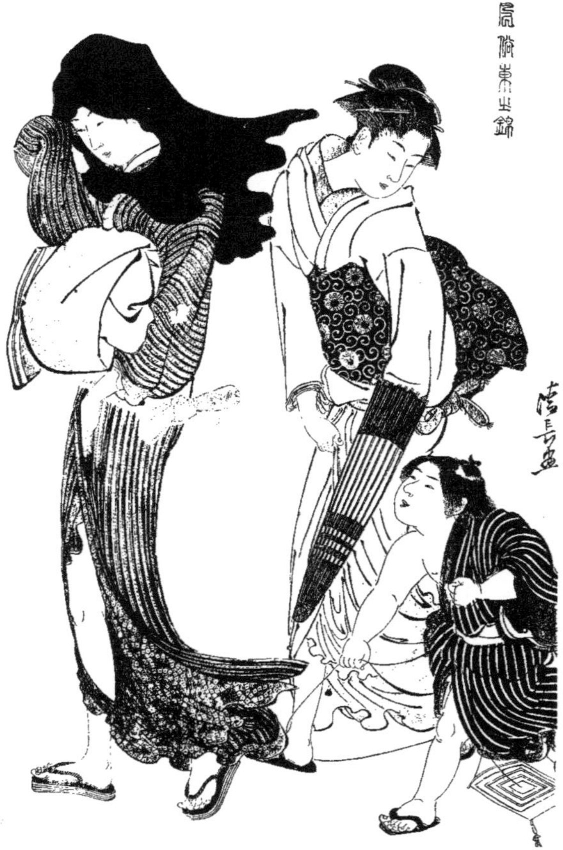

69

PL. XV

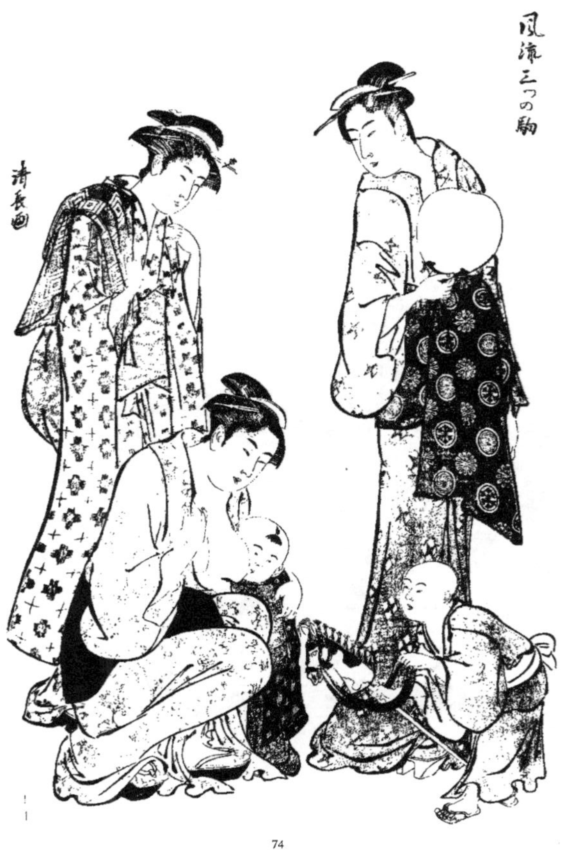

74

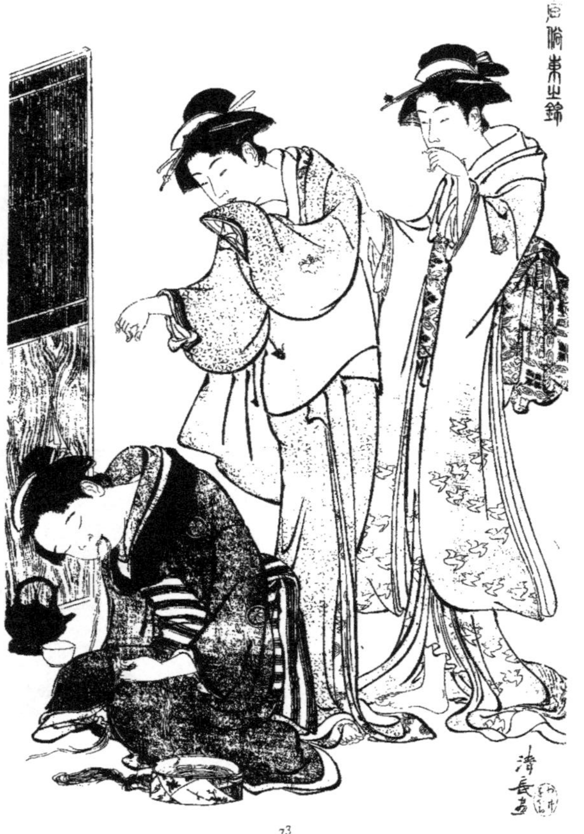

73

PL. XVI

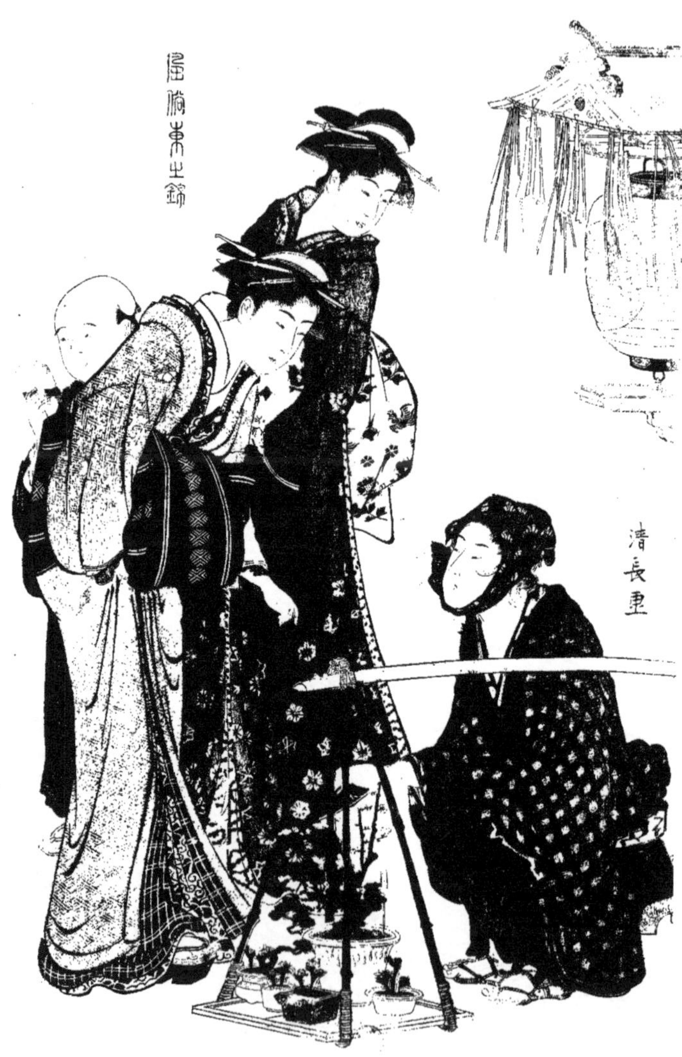
清長画